Kerstin Bommer / Angelika Hofmockel

Kinder entdecken die Künstlergruppe „Der Blaue Reiter"

Die kunterbunte Fundgrube für den Kunstunterricht

5. Auflage 2022
© 2006 PERSEN Verlag, Hamburg

AAP Lehrerwelt GmbH
Veritaskai 3
21079 Hamburg
Telefon: +49 (0) 40325083-040
E-Mail: info@lehrerwelt.de
Geschäftsführung: Christian Glaser
USt-ID: DE 173 77 61 42
Register: AG Hamburg HRB/126335
Alle Rechte vorbehalten.

Das Werk als Ganzes sowie in seinen Teilen unterliegt dem deutschen Urheberrecht. Die Erwerbenden einer Einzellizenz des Werkes sind berechtigt, das Werk als Ganzes oder in seinen Teilen für den eigenen Gebrauch und den Einsatz im eigenen Präsenz- wie auch dem Distanzunterricht zu nutzen.
Produkte, die aufgrund ihres Bestimmungszweckes zur Vervielfältigung und Weitergabe zu Unterrichtszwecken gedacht sind (insbesondere Kopiervorlagen und Arbeitsblätter), dürfen zu Unterrichtszwecken vervielfältigt und weitergegeben werden.

Die Nutzung ist nur für den genannten Zweck gestattet, nicht jedoch für einen schulweiten Einsatz und Gebrauch, für die Weiterleitung an Dritte einschließlich weiterer Lehrkräfte, für die Veröffentlichung im Internet oder in (Schul-)Intranets oder einen weiteren kommerziellen Gebrauch.
Mit dem Kauf einer Schullizenz ist die Schule berechtigt, die Inhalte durch alle Lehrkräfte des Kollegiums der erwerbenden Schule sowie durch die Schülerinnen und Schüler der Schule und deren Eltern zu nutzen.

Nicht erlaubt ist die Weiterleitung der Inhalte an Lehrkräfte, Schülerinnen und Schüler, Eltern, andere Personen, soziale Netzwerke, Downloaddienste oder Ähnliches außerhalb der eigenen Schule.
Eine über den genannten Zweck hinausgehende Nutzung bedarf in jedem Fall der vorherigen schriftlichen Zustimmung des Verlags.
Sind Internetadressen in diesem Werk angegeben, wurden diese vom Verlag sorgfältig geprüft. Da wir auf die externen Seiten weder inhaltliche noch gestalterische Einflussmöglichkeiten haben, können wir nicht garantieren, dass die Inhalte zu einem späteren Zeitpunkt noch dieselben sind wie zum Zeitpunkt der Drucklegung. Der PERSEN Verlag übernimmt deshalb keine Gewähr für die Aktualität und den Inhalt dieser Internetseiten oder solcher, die mit ihnen verlinkt sind, und schließt jegliche Haftung aus.

Wir verwenden in unseren Werken eine genderneutrale Sprache. Wenn keine neutrale Formulierung möglich ist, nennen wir die weibliche und die männliche Form. In Fällen, in denen wir aufgrund einer besseren Lesbarkeit nur ein Geschlecht nennen können, achten wir darauf, den unterschiedlichen Geschlechtsidentitäten gleichermaßen gerecht zu werden.

Autorschaft:	Kerstin Bommer, Angelika Hofmockel
Covergestaltung:	elbe-drei Werbeagentur, Hamburg
Satz:	Ludwig Auer GmbH, Donauwörth; Überarbeitung: MouseDesign Medien AG, Zeven
Druck und Bindung:	Esser printSolutions GmbH, Bretten

ISBN: 978-3-8344-3529-3
www.persen.de

Inhalt

1. **Begegnung mit Kunstwerken** 5

    1.1 Der Blaue Reiter 5
    1.1.1 Wassily Kandinsky 7
    1.1.2 Franz Marc 12
    1.1.3 Gabriele Münter 18
    1.1.4 August Macke 23
    1.1.5 Paul Klee 27
    1.2 Didaktisch-methodischer Kommentar 31

2. **Bausteine für den Unterricht** 32

Kandinsky

Schnipselmalerei 34
Musik nach Bildern 36
Malen in freier Natur 38
Der Zauberwald im Schuhkarton 42
Der Zauberwald als Ritzbild 44

Marc

Warum ist das Pferdchen blau? 48
Das Pferdchen im Kaufhaus 51
Gestalten eines Vexierbildes 57
Collage mit geometrischen Formen 62

Münter

Zeichnen von Gesichtern mit unterschiedlichem Ausdruck 67
Mein persönliches Porträt fotografieren 72

Macke

Stempeln einer Wüstenstadt 76
Bilddiktat 81
Bildausschnitt weitermalen 85

Klee

Meine Unterwasserlandschaft 91
Das Aquarium im Einmachglas 94
Rosenplastiken für einen Rosengarten 98
Zwitscher-Maschinen aus Draht 102
Zeichnen einer Maschine 105

3. **Literatur** 107

© VG Bild-Kunst, Bonn 2005

Es gibt eine Unmenge von Möglichkeiten, sich von Bildern anregen zu lassen und mit ihnen umzugehen. Auf einige Ideen dieser Arbeiten mit den Werken werden Sie in diesem Buch stoßen. Lassen Sie sich aber nicht von den verschiedenen Zugangsweisen, Techniken und Materialien gängeln, sondern seien Sie kreativ! Wenden Sie – je nach Alter und Können der Kinder – die eine oder andere Technik auch bei anderen Bildern an. So lassen sich die Beispiele nicht nur in den Klassen 3 und 4, sondern in der 1. und 2., wie auch in der 5. und 6. Klasse durchführen.
Wir wünschen Ihnen viel Freude bei der Lektüre des Buches und beim Umsetzen der Vorschläge!

Angelika Hofmockel
Kerstin Bommer

1. Begegnung mit Kunstwerken

1.1 Der Blaue Reiter

Die Anfänge des „Blauen Reiters" sind eng verknüpft mit den Geschicken der „Neuen Künstlervereinigung München" (NKVM). Diese wird 1909 in Schwabing gegründet, den Vorsitz übernehmen Wassily Kandinsky und Alexej von Jawlensky. Mitglieder sind europäische Maler, ebenso auch Dichter, Tänzer oder Kunsttheoretiker. Der Verein setzt sich zunächst ganz pragmatisch das Ziel Kunstausstellungen zu veranstalten, um somit Künstlern mit Hilfe einer wohl strukturierten Organisation und finanzieller Mittel zu mehr Öffentlichkeit zu verhelfen. Künstlerisches Credo des Vereins ist die Auffassung, dass jeder Künstler neben den äußeren Eindrücken auch durch innere Empfindungen in seinem Schaffen beeinflusst wird und stetig auf der Suche nach Ausdrucksformen ist, die die Verschmelzung innerer und äußerer Eindrücke ermöglichen. Diese Prinzipien werden später ihre Fortführung in den Zielen der Redaktion „Der Blaue Reiter" erfahren.

Bereits die beiden ersten Ausstellungen der NKVM rufen scharfe und wütende Kritik der Presse hervor. Eine einzige positive Rückmeldung erreicht die Vereinigung: Ein Brief Franz Marcs, der die „Innerlichkeit" und „Vergeistigung" der Werke lobt. Auf diesen Brief hin nimmt Kandinsky Kontakt mit dem Maler Marc auf, der bald der Vereinigung beitritt und in den Vorstand gewählt wird. Im Frühjahr 1911 zeichnen sich jedoch innerhalb der Gruppe Spannungen aufgrund menschlicher und künstlerischer Gegensätze ab. Diese gipfeln in einer Auseinandersetzung im Spätherbst 1911, als die Jury Kandinskys abstraktes Bild KOMPOSITION V ablehnt und somit nicht in die nächste Ausstellung aufnimmt. Offizielle Begründung ist, dass das Bild um wenige Quadratzentimeter zu groß sei. Als Folge dieser Auseinandersetzungen treten u. a. Kandinsky, Münter und Marc aus der NKVM aus.

Bereits im Sommer 1911, also vor der großen Auseinandersetzung der NKVM, fassen Marc und Kandinsky den Plan, eine Chronik herauszugeben. Dieser Almanach soll Reproduktionen, Artikel und eine Art Jahrbuch mit Berichten und Kritiken über erfolgte Ausstellungen enthalten. Er soll das künstlerische Geschehen des Jahres wiedergeben und dabei die neuesten in- und ausländischen Arbeiten, europäische und ostasiatische Volkskunst sowie Kinder- und Laienkunst vergleichend gegenüberstellen. Ebenso soll das Werk kunsttheoretische Aufsätze befreundeter Künstler zu Malerei, Musik, Literatur oder Bühnenkunst enthalten. Ziel dieser Schrift ist die Synthese zwischen den Künsten über verschiedene Epochen, Nationen und Bereiche hinweg. Die einigenden Prinzipien dieser Vielfalt lassen sich mit den Begriffen „Wahrhaftigkeit der Empfindung", „innerer Ausdruck" oder „Vergeistigung" – gemeint in scharfem Gegensatz zu der unreflektierten Übernahme neuer Stilformen und dem rein äußerlichen Nachahmen – andeutungsweise erfassen. Allein die Fähigkeit, einem inneren Empfinden unmittelbar Ausdruck zu verleihen, verleiht einem Kunstwerk seinen Wert.

Diesem – bis dahin nur geplanten – Almanach geben Marc und Kandinsky den Namen „Der Blaue Reiter". Zur Namensfindung schreibt Kandinsky: „Den Namen ‚Der Blaue Reiter' erfanden wir am Kaffeetisch der Gartenlaube in Sindelsdorf [Marcs Wohnort]; beide liebten wir Blau, Marc – Pferde, ich – Reiter. So kam der Name von selbst. Und der märchenhafte Kaffee von Frau Marc mundete uns noch besser."[1] Marc und Kandinsky selbst bezeichnen sich als Redaktion „Der Blaue Reiter".

Die bei dieser Planung geknüpften Verbindungen ermöglichen Marc und Kandinsky nach dem Austritt aus der NKVM innerhalb kürzester Zeit eine eigene Ausstellung zu veranstalten. Diese findet zeitgleich direkt neben den Ausstellungsräumen der NKVM statt! Sie enthält neben eigenen Werken auch die befreundeter Künstler, u. a. Campendonk, Delaunay, Macke und Rousseau. Da die Ausstellung durch die Redaktion des geplanten Almanachs „Der Blaue Reiter" veranstaltet wird, erhält sie auch dessen Namen. Der Begriff „Der Blaue Reiter" ist also ursprünglich ein Buchtitel und wird nun auch als Name einer Ausstellung genutzt.

---

[1] Wassily Kandinsky, „Der Blaue Reiter" (Rückblick). In: Das Kunstblatt 14/1930, S. 59

Wassily Kandinsky: Endgültiger Entwurf für den Umschlag des Almanachs „Der Blaue Reiter", 1911
Tuschpinsel und Aquarell über Pause und Bleistift
© VG Bild-Kunst, Bonn 2005

Die Sommer- und Herbstmonate des Jahres 1911 sind für die beiden Redakteure Marc und Kandinsky angefüllt mit fieberhafter Arbeit für den Almanach: Eine lebhafte Korrespondenz der beiden verrät ihre angestrengte Suche nach Autoren in aller Welt, notwendige Absprachen, Mahnungen um pünktliches Einreichen der Artikel oder Bilder, Abstimmung mit dem Verlag, das Sichten und Auswählen geeigneter Werke. Kandinsky schneidet den Holzschnitt, der der Titel des Jahrbuches werden soll. Marc lernt das Schaffen des Berliner „Brücke"-Kreises kennen und wählt aus deren Werken Beispiele für den Almanach. Geplant sind zunächst eine große Anzahl von Aufsätzen zu den vier Bereichen Malerei, Musik, Bühne und Chronik, doch manche Autoren sind säumig oder ändern gar die Themen ihrer Aufsätze. Auch einige Bilder erreichen die Redaktion nicht mehr rechtzeitig vor Druckbeginn. Marc und Kandinsky verpflichten sich dem Verlag gegenüber, das finanzielle Risiko zu tragen, ohne die erforderlichen Mittel tatsächlich zu besitzen. Erst eine großzügige Spende ihres Mäzens Bernhard Koehler, eines Onkels von Elisabeth Macke, sichert die Herstellungskosten. Schließlich erscheint im Mai 1912 „Der Blaue Reiter" im Verlag Piper, München, mit 141 Abbildungen, 3 Musikbeilagen und 19 Artikeln zum Preis von 10 Mark!

Deutlich klarstellen muss man an dieser Stelle, dass „Der Blaue Reiter" nie eine feste Gruppe von Künstlern gewesen ist, wie irrtümlich oft angenommen wird. Marc und Kandinsky planten die Herausgabe eines Buches, in dem sie Artikel und Reproduktionen in- und ausländischer Künstler veröffentlichen wollten und fanden dafür einen Namen. Unter demselben Namen und unter den gleichen Prinzipien veranstalteten sie dann eine Ausstellung. Die teilnehmenden Künstler gewannen sie umgekehrt als Autoren für ihren Almanach. So übertrug sich die Bezeichnung schließlich auch auf den Kreis der gleich gesinnten Künstlerkollegen.

Die Schwierigkeiten und der Arbeitsaufwand bei der Herausgabe des ersten Bandes macht deutlich, dass eine jährliche Herausgabe des „Blauen Reiters" nicht möglich ist. So nehmen sich Marc und Kandinsky vor, weitere Bände in loser Folge zu erstellen und den zweiten Band frühzeitig, aber mit der nötigen Ruhe zu planen. Beide sammeln Ideen, Angebote und Abbildungen, Mitte 1913 hat das Vorhaben bereits konkrete Formen angenommen und die Notwendigkeit eines Folgebandes scheint umso dringlicher, da für den ersten Band bereits eine zweite Auflage geplant ist. Doch der Beginn des Ersten Weltkrieges bringt alle Pläne zu einem Stillstand: 1914 muss Kandinsky Deutschland verlassen, 1916 fällt Marc bei Verdun.

1.1.1 Wassily Kandinsky

Wassily Kandinsky wird am 4. 12. 1866 in Moskau geboren. Russland gilt damals als eher „zurückgebliebenes" Land: Besonders die Landbevölkerung litt unter unsäglichen hygienischen Bedingungen, weit verbreitetem Analphabetentum und willkürlicher Rechtsprechung. Doch Kandinskys Vater ist wohlhabend; er ermöglicht seinem Sohn während dessen Schulausbildung im Gymnasium sogar Zeichenunterricht. Obwohl Wassily Kandinsky vom Zeichnen und von Farben fasziniert ist, will er kein Künstler werden. Er studiert Jura und Nationalökonomie. 1892 heiratet er seine Kusine Anja Tschemiakin, 1896 wird ihm eine Dozentenstelle in Dorpat angeboten. An diesem Punkt seiner erfolgreichen Karriere wird ihm jedoch bewusst, dass allein das Malen seine Bestimmung ist. Er beschließt deshalb, sein Leben neu zu gestalten.

Russland aber ist für einen Maler kein geeigneter Aufenthaltsort: Es gibt kaum Ausbildungsmöglichkeiten und die Bevölkerung ist zu arm, um sich Bilder kaufen zu können. Deshalb zieht Kandinsky mit seiner Frau nach München. Durch seine baltische Großmutter sind ihm die deutsche Kultur und Sprache vertraut; München erscheint ihm als „Kunst- und Märchenstadt", in der er sich sofort wohlfühlt. Dort nimmt er Unterricht u. a. in einer privaten Malklasse, später bei Franz Stuck und lernt Alexej v. Jawlensky und Paul Klee kennen.

1901 gründet er den Verein „Phalanx", dem auch eine Schule angegliedert ist, die jungen Künstlern offensteht. Ungewöhnlich an diesem Verein ist, dass ausdrücklich auch Frauen Zugang gewährt wird. Unter Kandinskys ersten Schülerinnen ist auch Gabriele Münter. Im Sommer 1902 geht Kandinskys Malklasse für mehrere Wochen zum Malen ins oberbayerische Kochel am See, wo sich Gabriele Münter und Wassily Kandinsky näherkommen. Dieser Kontakt intensiviert sich im Herbst des gleichen Jahres, wird aber überschattet von Kandinskys festem Entschluss, sich von seiner Frau Anja nicht scheiden zu lassen. Ein Jahr später trennen sich Kandinsky und seine Frau „freundschaftlich" und er beginnt ein unstetes Wanderleben mit Gabriele Münter.

Beide unternehmen in den nächsten Jahren mehrere lange gemeinsame Studienreisen in Europa und Tunesien, manche davon zu Fuß oder mit dem Fahrrad. 1908 reisen sie ins oberbayerische Murnau und sind sofort begeistert von der malerischen Lage, der Alpenkulisse und dem klaren Licht. 1909 erwirbt Gabriele Münter dort eine kleine Sommervilla, in der beide in den nächsten Jahren immer wieder längere Zeitabschnitte verbringen.

Gabriele Münter: Das „Russen-Haus", 1931
© VG Bild-Kunst, Bonn 2005

In Murnau knüpfen sie Kontakt zu dem Künstlerpaar Franz und Maria Marc, die im nahen Sindelsdorf wohnen. Franz Marc und Wassily Kandinsky schließen sich schnell eng aneinander an und entwickeln im Sommer 1911 die Idee eines Kunst-Almanach, den sie „Der Blaue Reiter" betiteln. Die Jahre zwischen 1911 und 1913 gelten als die Zeit, in der Kandinsky den

wegweisenden Durchbruch von der gegenständlichen zur abstrakten Malerei vollzieht.
Die Beziehung zu Gabriele Münter jedoch erfährt eine Distanzierung. Inwieweit das unstete Leben der beiden, die Tatsache, dass der seit 1911 geschiedene Kandinsky und Gabriele Münter nicht heirateten oder die Belastung durch die gesellschaftlich fragwürdige Stellung Gabriele Münters für diese Entfremdung verantwortlich ist, bleibt dahingestellt.
Der Beginn des 1. Weltkrieges zwingt den Russen Kandinsky Deutschland zu verlassen. Er reist nach Moskau und setzt Gabriele Münter brieflich von seiner Absicht, sich von ihr zu trennen, in Kenntnis. 1917 heiratet er dort Nina von Andreewsky, vier Jahre später kehrt er nach Deutschland zurück, wo er 1922–33 am Bauhaus in Weimar unterrichtet.
Als der 2. Weltkrieg ausbricht, muss Kandinsky Deutschland erneut verlassen. Er zieht nach Frankreich, wo er 1944 in Neuilly-sur-Seine bei Paris stirbt.

Wassily Kandinsky

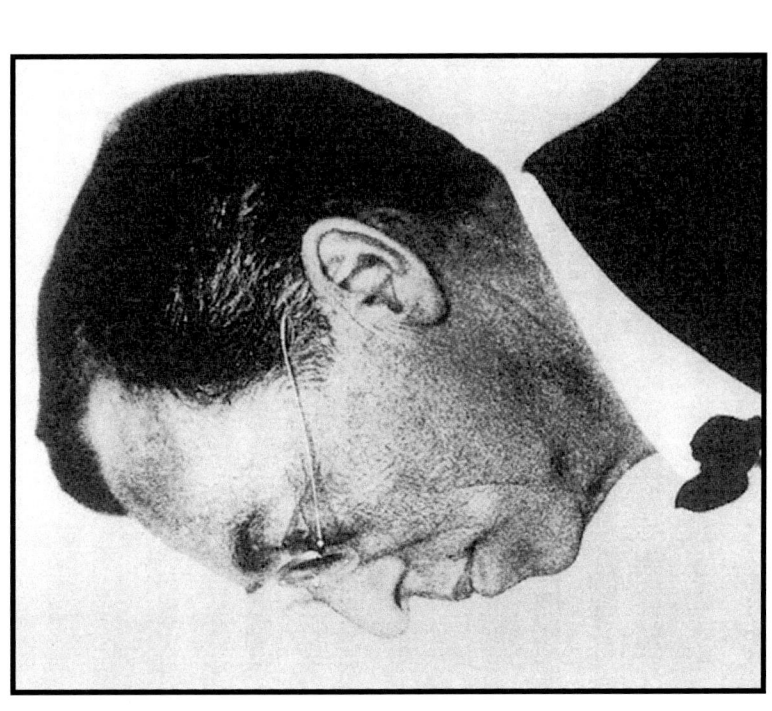

* 4. Dezember 1866 in Moskau, Russland
† 13. Dezember 1944 in Neuilly-sur-Seine, Frankreich

Wassily Kandinsky wird am 4. 12. 1866 in Moskau, Russland, geboren. Seine Eltern sind wohlhabend, sodass Wassily schon als kleiner Junge Malunterricht erhält. Obwohl ihn dies begeistert, entschließt er sich als junger Mann, Jura und Nationalökonomie zu studieren, um einen „richtigen" Beruf zu erlernen.

Noch als Student heiratet er seine Kusine Anja.

Da ihn sein Beruf nicht glücklich macht, gibt er alles auf und zieht nach München, um dort das Malen zu lernen. Er wird bald ein guter Maler, gründet eine Malschule und gibt selber Unterricht. Er unterrichtet sogar Frauen, was zu dieser Zeit sehr ungewöhnlich ist.

1902 verliebt er sich in eine seiner Schülerinnen: Gabriele Münter. Die beiden unternehmen viele gemeinsame und weite Reisen und malen auf diesen viele Bilder. Besonders gut gefällt ihnen die oberbayerische Stadt Murnau mit ihrem klaren Licht und dem malerischen Blick auf die Alpen. 1909 kauft sich Gabriele dort ein kleines Haus. Sie verbringen mehrere Sommer dort, laden Freunde ein und malen. Doch beide sind nicht ganz glücklich: Sie können nicht heiraten, da Wassily ja bereits in Russland eine Ehefrau hat.

Mit Beginn des 1. Weltkrieges muss der Russe Kandinsky Deutschland und damit Gabriele und ihr Haus in Murnau verlassen. Beide treffen sich später in Schweden, doch sie sind sich fremd geworden und trennen sich. Inzwischen ist auch Wassily von seiner ersten Frau geschieden und heiratet erneut eine Russin.

1921 kehrt er mit seiner zweiten Frau nach Deutschland zurück und unterrichtet dort in Weimar. Als der 2. Weltkrieg ausbricht, muss er erneut das Land verlassen und zieht nach Frankreich.

Dort stirbt er 1944 in Neuilly-sur-Seine bei Paris.

Kandinskys Lebensgefährtin heißt:

_ _ _ _ _ _ _ _ _ _ _ _

Übrigens: Sie nennen sich gegenseitig Ella und Was.

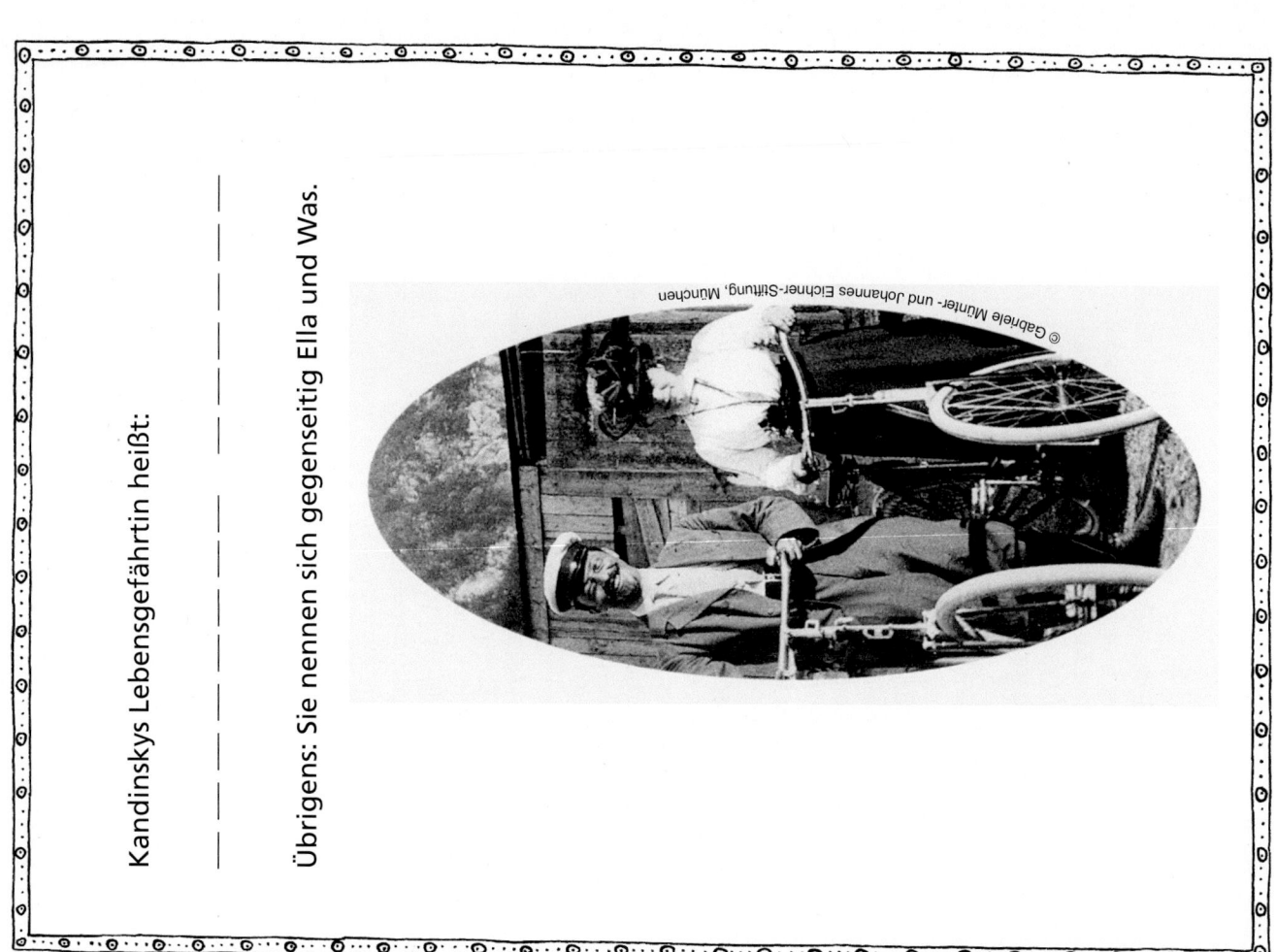

© Gabriele Münter- und Johannes Eichner-Stiftung, München

Ein Rätsel

Bringe die Sätze in die richtige Reihenfolge.
Die Lösungsbuchstaben verraten dir den Namen seiner langjährigen Lebensgefährtin.

Wassily Kandinsky wird am 4. 12. 1866 in Moskau geboren.	G
Kandinsky stirbt am 13. 12. 1944 in Neuilly-sur-Seine bei Paris.	R
Nach dem 1. Weltkrieg kommt Kandinsky nach Deutschland zurück und unterrichtet in Weimar.	T
Nach der Schule studiert er Nationalökonomie und Jura.	B
Er verliebt sich in eine seiner Schülerinnen.	E
Als der 2. Weltkrieg ausbricht, muss Kandinsky Deutschland erneut verlassen. Diesmal geht er nach Frankreich.	E
Kandinsky geht deshalb nach München, um dort das Malen zu lernen.	E
Bald wird ihm klar, dass er lieber als Maler seinen Lebensunterhalt verdienen will.	I
Seine neue Lebensgefährtin kauft ein schönes Haus in Murnau.	M
Weil der erste Weltkrieg ausbricht, muss Kandinsky Deutschland verlassen. Er geht zurück nach Moskau.	Ü
Schließlich trennt er sich von seiner Freundin.	N
Noch als Student heiratet er seine Kusine.	R
Dort gründet er eine Malschule und lehrt auch Frauen das Malen.	L
Als kleiner Junge bekommt er schon Zeichenunterricht.	A

In der Straße, in der ich wohne, gibt es …

Füge deiner Straße eine Beschreibung hinzu:

_____

Ein Bild wie von Kandinsky

Kandinsky malt die Dinge nicht genauso, wie sie in Wirklichkeit aussehen. Er verändert ihre Form oder malt sie so, als wären sie „verwischt". Er benutzt oft auch Farben, die nicht der Wirklichkeit entsprechen.
Wie würde Kandinsky wohl die Straße malen, in der du wohnst?
Beginne das Bild mit einer Zeichnung deines Hauses. Zeichne es in die Mitte. Male es nun aus und füge Nachbarhäuser, Menschen, Pflanzen, Zäune und Straßen hinzu, so, wie es Kandinsky machen würde.

1.1.2 Franz Marc

Franz Marc, um 1912
Germanisches Nationalmuseum Nürnberg

Franz Moriz Wilhelm Marc wird am 8. Februar 1880 als zweiter Sohn des Ehepaares Sophie und Wilhelm Marc in München geboren. Franz ist, den Erinnerungen seiner Mutter folgend[2], ein besonders stilles und nachdenkliches Kind, das aber auch überraschenden Eigensinn zeigen kann und das häufig mit Tierfiguren spielt. Den Sommer verbringt die Familie meist im oberbayerischen Kochel am See.

Ein einschneidendes Erlebnis in Franz' Leben ist seine Konfirmation 1894. Er lernt dabei den Stadtvikar Otto Schlier kennen, der ihn tief beeindruckt und zu dem Wunsch verleitet, selbst Geistlicher zu werden. Beide halten Briefkontakt, doch die gleichzeitige Lektüre klassischer und moderner Philosophen lässt ihn an seiner verfrühten Berufswahl zweifeln. Eine weitere wichtige Bezugsperson für Franz ist bis zu dessen Heirat sein drei Jahre älterer, sehr viel lebhafterer Bruder Paul. Wie dieser besucht Franz das Luitpold-Gymnasium in München und schreibt sich halbherzig für das Studium der Philosophie ein. Und auch Franz leistet vor dem Studium sein Jahr als Einjährigenfreiwilliger beim Königlich-Bayerischen 1. Feldartillerie-Regiment. In diesem Jahr wird sich Franz nun endgültig über seine wahre Berufung klar: Er will Maler werden – wie sein Vater!

1900 schreibt sich Franz an der Münchner Akademie ein. In den nächsten Jahren begleitet er seinen Bruder Paul auf Reisen nach Italien, zieht sich auf die Staffelalm bei Kochel zurück und reist mit einem Freund nach Paris, um zu malen.

Anfang 1904 bezieht er ein eigenes Atelier in Schwabing. Dort beginnt sein kompliziertes, über Jahre dauerndes Verhältnis zu drei Frauen: Zuerst zeigt er sich beeindruckt von der älteren, aber verheirateten Anette Simon. Wenig später lernt er Marie Schnür kennen, die ihn wiederum mit Maria Franck bekannt macht. Marie Schnür hat ein Kind von einem verheirateten Mann, der sie nicht heiraten kann, und hat einen Mann gefunden, der die Vaterschaft zwar offiziell anerkennt, sie aber auf keinen Fall heiraten will. Nun sucht sie also einen Ehemann und auf ihr Drängen hin verspricht Franz Marc ihr die Ehe, obwohl er bereits ein Verhältnis mit Maria Franck angefangen und den Kontakt zu Anette Simon noch nicht endgültig abgebrochen hat. 1907 heiratet er Marie Schnür – widerwillig, wie man annehmen muss, denn noch am Hochzeitsabend reist er nach Paris. Ein Jahr lang führt Marc ein Leben zwischen Maria und Marie, doch 1908 wird seine Ehe mit Marie Schnür geschieden. Fatalerweise gibt Marie als Scheidungsgrund den Ehebruch Franz' mit Maria Franck an. Dadurch verhindert sie eine Eheschließung zwischen den beiden, denn laut Gesetz ist zu dieser Zeit eine Verheiratung eines Geschiedenen mit der Frau, mit der er Ehebruch begangen hat, verboten. Franz Marc und Maria Franck sind also gezwungen, in wilder Ehe zusammenzuleben – eine Situation, die Marias Eltern verständlicherweise auf das Schärfste missbilligen und unter der Maria nicht selten leidet. Erst 1913 gelingt es ihnen, auf gerichtlichem Wege einen Dispens zu erhalten und zu heiraten.

---

[2] Jüngling, Kirsten und Roßbeck, Brigitte: Franz und Maria Marc, S. 42

Franz Marc: „Zwei Frauen am Berg", Skizze, 1906
(Das Bild zeigt Marie Schnür und Maria Franck)

1909 ziehen Franz und Maria nach Sindelsdorf, 50 km südlich von München. Sie mieten dort eine kleine Wohnung, in der Franz sich ein eiskaltes Atelier auf dem zugigen Dachboden einrichtet. Finanziell unterstützt werden sie durch ihren Mäzen Bernhard Koehler (dem Onkel von August Mackes Frau) sowie (eingeschränkt, wegen des unmoralischen Verhältnisses) von Marias Eltern. In Sindelsdorf verbringt Franz Marc seine produktivsten Jahre. Von dort aus organisiert und besucht Marc Ausstellungen, hält Kontakt zu seinen Malerfreunden August Macke, Wassily Kandinsky, Alexej v. Jawlensky oder Marianne v. Werefkin, korrespondiert mit Galeristen und Geldgebern und arbeitet hart und ausdauernd an seiner eigenen Begabung. 1910 wird er auf die Bilder der „Neuen Künstlervereinigung München" aufmerksam, deren dritter Vorsitzender er schließlich wird und die zu einem engen Kontakt zu Wassily Kandinsky führt. Als die beiden im Dezember 1911 nach einem Eklat aus der Vereinigung austreten, setzen die beiden einen lange gehegten Plan in die Tat um: Sie gründen und bilden die Redaktion „Der Blaue Reiter", veröffentlichen den gleichnamigen Almanach und eröffnen eine Ausstellung. Franz Marc

Franz und Maria Marc, Fronturlaub, 1915

wird nun als Künstler bekannt und kann einzelne Werke gewinnbringend verkaufen.
Er und seine Frau reisen viel und besuchen befreundete Maler und Ausstellungen in Frankreich und Deutschland. In diese Zeit fällt auch die Bekanntschaft mit der Dichterin Else Lasker-Schüler. Im Dezember 1913 malt Franz

sein erstes vollkommen ungegenständliches Bild.

Im April 1914 kaufen Franz und Maria eine kleine Villa im nahen Ried – Marias Vater ist gestorben und hat ihr ein großzügiges Erbe zugedacht. Beide richten das Haus mit Freude ein, bewirten Freunde und verbringen wieder einen Sommer auf der Staffelalm. Im August erklärt Deutschland Russland den Krieg und Franz Marc wird eingezogen. Maria Marc sieht den Krieg als etwas Schreckliches und hat panische Angst um ihren Mann.

Franz jedoch hält den Krieg anfangs für etwas Unvermeidliches und Höheres, für eine grausame, aber heilsame Methode ein Volk zu reinigen und gesunden zu lassen, bei der das Opfer eines Einzelnen nicht zählt. Während des Krieges erkrankt er an der Ruhr und verfasst in und nach der Zeit der Rekonvaleszenz Artikel, in denen er die Bedeutung des Krieges idealisiert und begründet. Will er damit seine schrecklichen Eindrücke verdrängen? Allmählich jedoch scheint sich Franz Marcs Gemütszustand zu verschlechtern. Er beginnt – wohl als Heilmittel – wieder zu arbeiten und erstellt ein letztes Skizzenbuch. Zweimal besucht er Maria in Ried. Anfang 1916 hegt Maria ernsthafte Hoffnungen, ihren Mann noch vor Kriegsende endgültig nach Hause zu holen: Sie bekommt Nachricht, dass Franz Marc als einer der „30 hervorragend Begabten Deutschlands" von der Front zurückgezogen werden soll[3]. Doch dieser Beschluss kommt zu spät. Am 4. 3. 1916 wird Franz Marc auf einem Erkundungsritt bei Verdun erschossen.

Franz Marcs Werk umfasst rund 250 Gemälde, Studien und Skizzen in Ölfarben, dazu etwa die gleiche Anzahl an Blättern in Aquarell, Tempera, Pastell. Erhalten sind etwa hundert bemalte Postkarten und Briefblätter, dazu Druckgrafiken, Hinterglasbilder, dekorative Malereien, Entwürfe, Plastiken und kunsthandwerkliche Stücke.

Franz Marcs Motive sind hauptsächlich Tiere, dessen inneren Wesenskern er zu erfassen und darzustellen versucht. Inspiriert und bereichert durch die Begegnung mit Macke, Kandinsky und Delaunay entwickelt Marc seine Theorie von der Bedeutung reiner Farbe und findet schließlich zur abstrakten Darstellung.

---

3 Brief Richard Seewalds an Maria Marc vom 4. 2. 1916 (Germanisches Nationalmuseum, Nürnberg)

Franz Marc

* 8. Februar 1880 in München
† 4. März 1916 (gefallen) vor Verdun, Frankreich

Germanisches Nationalmuseum Nürnberg

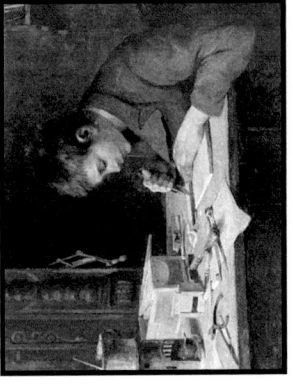

Franz Marc wird 1880 in München geboren.
Sein Vater heißt Wilhelm, seine Mutter Sophie.
Franz Marc hat auch einen Bruder. Sein Name ist Paul.
Auf dem Bild rechts siehst du Franz Marc am Basteltisch.

1909 heiratet Franz seine Freundin Maria. Zusammen ziehen sie nach Sindelsdorf in Oberbayern.
Auf dem Bild links siehst du Franz Marc mit seiner Frau Maria.

Franz Marc ist ein guter Freund von den Künstlern Wassily Kandinsky und August Macke. Mit ihnen arbeitet er gerne zusammen.

15

Die Tierwelt von Franz Marc

Franz Marc liebt Tiere, vor allem Pferde. Deshalb gibt es von ihm sehr viele Tierbilder.

Hier siehst du das Bild DREI TIERE.
Welche 3 Tiere kannst du auf diesem Bild entdecken?
Male sie farbig an. Benutze dazu Farben, die auch Marc gewählt hätte.

Die Farbwelt von Franz Marc

Die Farben von Franz Marc entsprechen meist nicht der Wirklichkeit. Er malt zum Beispiel Landschaften so, wie er denkt, dass Tiere sie sehen. Dabei hat jede Farbe für Franz Marc eine besondere Eigenschaft.

ROT   gefährlich
       brutal _____

BLAU   ruhig
       stark _____

GELB   munter
       fröhlich _____

Welche Eigenschaften würdest du den drei Farben noch zuordnen? Schreibe sie dazu.

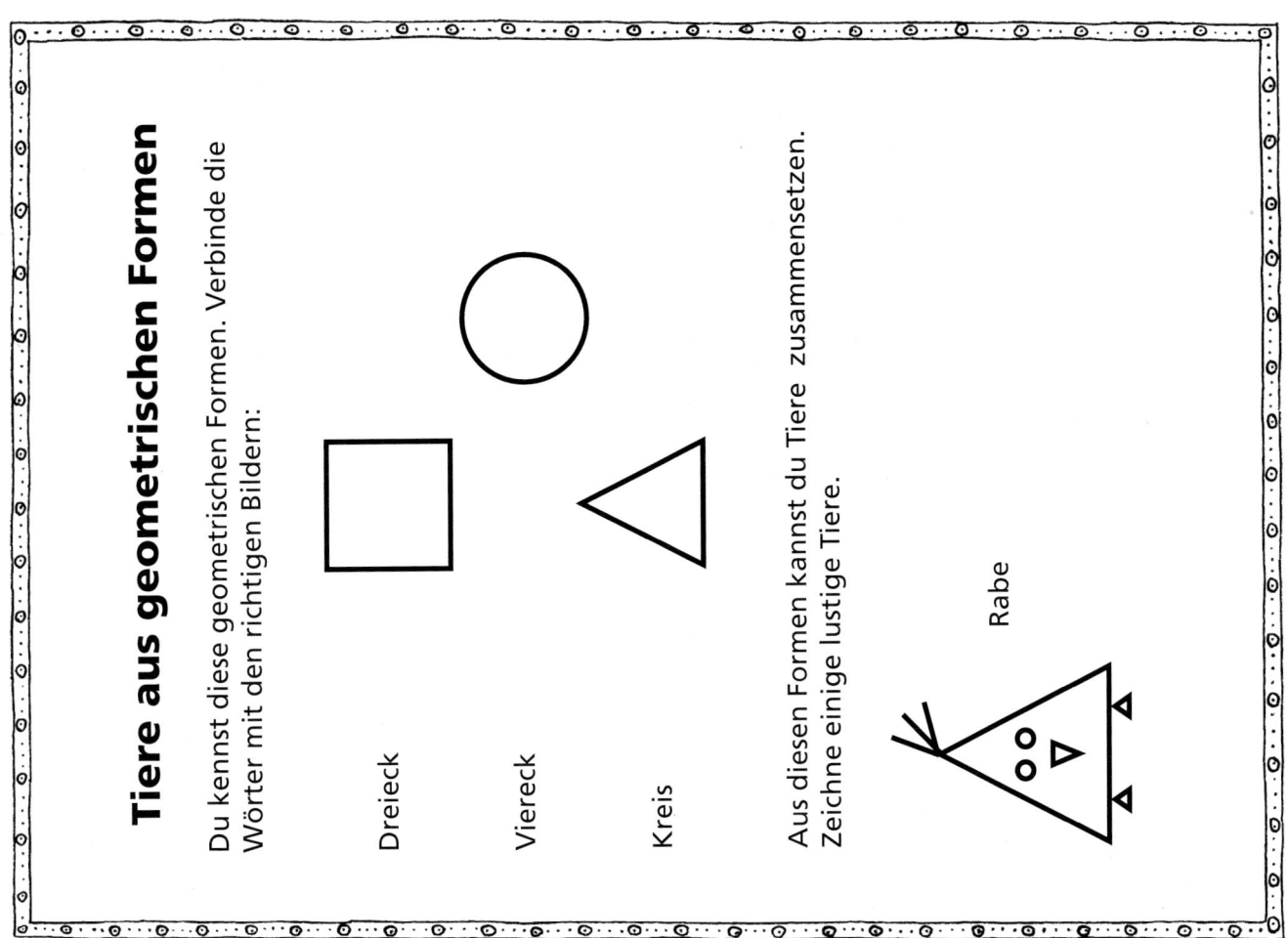

Tiere aus geometrischen Formen

Du kennst diese geometrischen Formen. Verbinde die Wörter mit den richtigen Bildern:

Dreieck

Viereck

Kreis

Aus diesen Formen kannst du Tiere zusammensetzen. Zeichne einige lustige Tiere.

Rabe

Mein Lieblingstier

Viele Pferde malt Franz Marc in der Farbe Blau, da sie für ihn Ruhe und Ernsthaftigkeit, aber auch Stärke ausdrückt.
Male dein Lieblingstier. Wähle Farben, die den Charakter deines Lieblingstiers unterstreichen.

1.1.3 Gabriele Münter

Wassily Kandinsky: „Gabriele Münter", 1905
Öl auf Leinwand, 45 × 45 cm
© VG Bild-Kunst, Bonn 2005

Am 19. Februar 1877 wird Gabriele Münter in Berlin geboren. Der Vater war 1847 in die USA ausgewandert, hatte dort eine Deutsche geheiratet und war 1864 nach Deutschland zurückgekehrt. Ab 1897 erhält Gabriele Privatunterricht an einer Damenkunstschule in Düsseldorf. Nach dem Tod der Mutter unternimmt sie 1898 zusammen mit Schwester „Emmy" eine zweijährige Reise in die Vereinigten Staaten, um Verwandte zu besuchen.

Im Mai 1901 zieht Gabriele nach München, um dort an der Schule des „Künstlerinnen-Vereins" zu studieren. Zu Beginn des Jahres 1902 tritt sie in die „Phalanx"-Kunstschule ein, die kurz vorher unter Kandinskys Mitwirkung gegründet wurde. Dort besucht sie Kandinskys „Abendakt" und lernt dessen gründliche und erklärende Lehrweise schätzen. Im Sommer 1902 begleitet sie seine Malklasse zu einer mehrwöchigen Studienreise ins oberbayerische Kochel am See. Obwohl Kandinsky bereits mit Anja Tschemiakin verheiratet ist, kommt es dort zu einer Annäherung mit Gabriele Münter. Zurück in München intensiviert sich dieser Kontakt. Es kommt zu häufigem Briefwechsel und Treffen. 1903 setzt Kandinsky seine Frau von diesem Verhältnis in Kenntnis. Die beiden trennen sich „in Freundschaft", doch Kandinsky lehnt eine Scheidung ab.

Anja wird später eine wichtige Kontaktperson für Gabriele Münter.

Die nächsten Jahre verbringen Gabriele Münter und Wassily Kandinsky, die trotz einer „Verlobung" in Kallmünz noch immer getrennte Wohnungen in München unterhalten, mit gemeinsamen, oft mehrmonatigen Reisen zu Fuß oder auch mit dem Fahrrad im europäischen Ausland bzw. in Tunesien. 1908 fassen sie den Beschluss, sich im schönen Alpenvorland dauerhaft niederzulassen. Sie entdecken Murnau am Staffelsee und – begeistert von der malerischen Lage und der schönen Landschaft – berichten sie ihren Freunden Alexej von Jawlensky und Marianne von Werefkin davon, die bald ebenfalls eintreffen. Das gemeinsame Malen beflügelt und befruchtet gegenseitig! Das klare, schleierlose Licht des oberbayerischen Spätsommers lässt alle Farben und Details intensiv und klar hervortreten. Gabriele Münter malt fleißig und fertigt manchmal bis zu 5 Ölstudien am Tag an. Sie selbst schreibt, dass sie in diesem Jahr einen entscheidenden Schritt vom bloßen Abmalen der Natur hin zur Abstrahierung, zum „Fühlen" eines Inhalts getan hat[4]. 1909 kauft Gabriele

Gabriele Münter bei der Gartenarbeit in Murnau, 1909

---
[4] aus der Chronik Gabriele Münters in: Hoberg, Annegret: Wassily Kandinsky und Gabriele Münter in Murnau und Kochel 1902–1914, Prestel Verlag, München, 2000, S. 45 f.

Münter schließlich ein kleines Sommerhaus – von den Murnauer Einwohnern wegen seiner Bewohner und deren Gästen bald das „Russen-Haus" genannt. Mit großem Eifer richten sie und Kandinsky Haus und Garten ein und beschäftigen sich mit der örtlichen Volkskunst. Gabriele Münter schließt Bekanntschaft mit dem in Murnau tätigen Hinterglasmaler Heinrich Rambold und geht bei ihm in die Lehre. Bald regt sie auch Kandinsky, Marc und Macke zur Hinterglasmalerei an und gibt damit einen wesentlichen Impuls zur Kunst des „Blauen Reiters". Die folgenden Jahre sind gekennzeichnet durch Phasen der Trennung (Kandinsky auf Verwandtenbesuch in Russland, Münter in Herford) und des Zusammenlebens in München (wo sie nun auch eine gemeinsame Wohnung haben) und Murnau. In diese Zeit fällt auch die neu geschlossene Freundschaft mit Marc und Macke, Anschluss an und schließlich Trennung von der „Neuen Künstlervereinigung München" und Gründung der Redaktion des „Blauen Reiters". 1914 zwingt der Ausbruch des 1. Weltkrieges die beiden in das Schweizer Exil. Von dort aus fährt Kandinsky nach Moskau. Diese räumliche Entfernung entspricht vielleicht auch der inneren Distanz, die sich in ihrer Beziehung während der letzten Jahre eingestellt hat.

Gabriele Münter: „Blick aufs Murnauer Moos", 1908
Öl auf Pappe, 32,7 × 40,5 cm
© VG Bild-Kunst, Bonn 2005

Trotzdem ist es Münter, die unter der Trennung leidet. Sie reist nach Stockholm in der Hoffnung, sie könne dort, im neutralen Schweden, mit Kandinsky zusammenleben. Er besucht sie dort im Winter 1915/16. Sie stellen gemeinsam aus, doch der Bruch ist endgültig.
Bis Anfang der Zwanzigerjahre lebt und arbeitet Gabriele Münter vereinsamt in Schweden und Dänemark, wo sie auch mehrmals ausstellt. Dann zieht sie wieder nach Deutschland und lebt bis 1925 in großer Isolation, zeitweise an Depressionen leidend, die ihr die Lust am Malen nehmen, in verschiedenen deutschen Städten. Erst 1925 gewinnt sie in Berlin wieder Anschluss an das Kunstleben. Bis 1926 zieht sich ein von Anwälten geführter Rechtsstreit zwischen Kandinsky und Münter hin: Kandinsky fordert die beim Ausbruch des Ersten Weltkrieges in Deutschland zurückgelassenen Bilder zurück. Münter hat diese über den Krieg hinweg aufbewahrt und weigert sich, diese nun herauszugeben. Ihr geht es dabei weniger um eine materielle Entschädigung, als um moralische Wiedergutmachung. Schließlich gehen einige Bilder an Kandinsky zurück, den Großteil darf Münter behalten. 1928 entwickelt sich die Beziehung zu ihrem zweiten Lebensgefährten Johannes Eichner, die ihre Gemütsverfassung stabilisiert und ihr wieder Lust an der Arbeit schenkt. 1931 lassen sich die beiden in Gabrieles Murnauer Villa dauerhaft nieder, wo Gabriele nun den Rest ihres Lebens verbringt. Sie nimmt an vielen Ausstellungen in Deutschland teil. Mit ihrer Hilfe verfasst Eichner eine Biografie Kandinskys, die sie anregt, alle Erinnerungen an die Zeit mit ihm schriftlich aufzuzeichnen.
Gabriele Münter rettet die Werke Kandinskys und des „Blauen Reiters" auch über den 2. Weltkrieg hinweg. 1957 stiftet sie anlässlich ihres achtzigsten Geburtstages diesen Bilderbesitz der Städtischen Galerie im Lenbachhaus (München), wo eine ständige Ausstellung eingerichtet wird. Nach ihrem Tod am 19. Mai 1962 geht ihr gesamtes Vermögen, ihre Briefe, ihre Fotos und ihr Grundbesitz in Murnau in die „Gabriele-Münter-und-Johannes-Eichner-Stiftung" ein.

Gabriele Münter

© VG Bild-Kunst, Bonn 2005

* 19. Februar 1877 in Berlin
† 19. Mai 1962 in Murnau

Gabriele Münter wird am 19. Februar 1877 in Berlin geboren. Ab dem zehnten Lebensjahr erhält sie Kunstunterricht an einer Damenschule, wie es in der damaligen Zeit für junge Mädchen üblich ist. Da Gabriele Münter große Freude am Zeichnen hat, darf sie 1901 alleine nach München ziehen, um dort weiter Unterricht zu erhalten. Ein Jahr später lernt sie einen neuen Lehrer kennen, der sie sehr beeindruckt: Wassily Kandinsky. Auf einer gemeinsamen Reise, die sie mit der Studentengruppe nach Kochel unternehmen, verlieben sich die beiden ineinander. Die beiden können aber nicht heiraten, da Kandinsky bereits eine Frau hat. Sie beschließen – mit dem Einverständnis von Kandinskys Ehefrau – zusammenzuleben. Sie unternehmen viele weite Reisen, um gemeinsam zu malen.

Besonders schön finden sie es im bayerischen Voralpenland: Das klare Licht, die malerischen Städtchen und die gewaltigen Berge regen beide zum Malen an. Daher kauft sich Gabriele Münter 1909 im schönen Ort Murnau eine kleine Villa. Weil sie dorthin viele russische Freunde einladen, nennen die Einheimischen es das „Russen-Haus". Im Jahr 1914 bricht der Erste Weltkrieg aus und der Russe Kandinsky muss Deutschland verlassen. Alle seine Bilder bleiben in ihrer Villa in Murnau zurück. Zuerst reisen sie zusammen nach Schweden. Später reist Kandinsky allein weiter zu seiner Familie nach Russland. Danach treffen sie sich nochmals in Schweden, doch Kandinsky hat sich von Gabriele Münter entfremdet und verkündet ihr die Trennung. Sie ist verzweifelt und wartet im fremden Schweden in der Hoffnung, dass Kandinsky zu ihr zurückkommt. Doch sie bleibt alleine. Erst Jahre später zieht sie wieder nach Deutschland, ist aber weiter sehr unglücklich und depressiv und hört schließlich mit dem Malen auf. Erst viel später gewinnt sie erneut Malerfreunde und beginnt wieder, Bilder zu malen. Im Alter von 51 Jahren lernt Gabriele Münter schließlich ihren neuen Lebensgefährten Johannes Eichner kennen. Mit ihm zusammen kann sie sogar wieder in die schöne Villa in Murnau einziehen. Dort liegen noch immer fast alle Bilder Kandinskys. Diese schenkt sie später einem Museum in München, dem Lenbachhaus. Am 19. Mai 1962 stirbt Gabriele Münter in ihrer Murnauer Villa.

Das Russen-Haus

Gabriele Münter und ihr Lebensgefährte Wassily Kandinsky haben immer viel Besuch.
Male in jedes Fenster einen Gast.
Sind es die Künstler der Vereinigung des Blauen Reiters oder andere Besucher?

Ein Rätsel

Male die Kästchen, die zusammengehören, in der gleichen Farbe aus.

In welcher Stadt wurde Gabriele Münter geboren?	Wassily Kandinsky
Warum ging Gabriele Münter nach München?	Sie war traurig über die Trennung von Kandinsky.
Wie hieß Gabriele Münters Lehrer, in den sie sich verliebte?	Murnau
Was machten Gabriele Münter und Wassily Kandinsky auf ihren vielen gemeinsamen Reisen?	Ihr Lebensgefährte Wassily Kandinsky kam aus Russland und lud viele russische Freunde in das Haus ein.
In welchem Städtchen gefiel es Gabriele Münter und Wassily Kandinsky so gut, dass sie sich dort ein Haus kauften?	1962
Warum wurde Gabriele Münters Haus das „Russen-Haus" genannt?	Sie lebten im „Russen-Haus".
Warum war Gabriele Münter in Schweden und später in Deutschland so traurig, dass sie manchmal nicht einmal mehr malen wollte?	Sie malten viele Bilder.
Später verliebte sich Gabriele Münter in Johannes Eichner. Wo lebten die beiden?	Sie wollte dort eine Schule für Malerinnen besuchen.
Wann starb Gabriele Münter?	Berlin

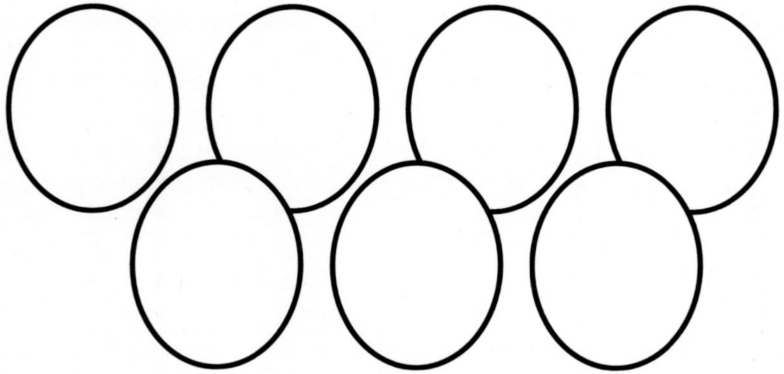

Das Bildnis Jawlenskys

Hier siehst du den Umriss des Gesichtes von Alexej v. Jawlensky. Male ihm ein Gesicht. Versuche dabei, 4 verschiedene Stimmungen einzufangen. Er könnte fröhlich, traurig oder wütend aussehen.

Lauter Gesichter

All diese Menschen schauen einer Vorstellung zu. Wie gefällt es ihnen wohl? Sind sie verzaubert oder gelangweilt? Traurig oder fröhlich? Ärgerlich oder belustigt? Schläfrig oder aufgeregt?
Zeichne den Menschen verschiedene Gesichtsausdrücke. Nicht vergessen: Augen, Augenbrauen, Nase und Mund geben dem Gesicht Ausdruck.
Was passiert eigentlich auf der Bühne? Zeichne auch dies.

1.1.4 August Macke

August Macke, um 1903

August Macke wird am 3. Januar 1887 in Meschede, Westfalen, geboren und stirbt am 26. September 1914 in Frankreich.
Zunächst lebt er mit seiner Familie in Köln, zieht aber im Jahr 1900 nach Bonn. Schon als Kind malt und zeichnet August Macke sehr gerne und gut. Seine Begabung wird von seinen Eltern aber kaum beachtet.
Als er 16 Jahre alt ist, begegnet er auf dem Schulweg dem Mädchen Elisabeth Gerhardt. Er verliebt sich sofort in sie. Um Zugang zu ihrer Familie zu bekommen und so Elisabeth öfter sehen zu können, gibt er vor, ihren Bruder Walter malen zu wollen.
Elisabeths Vater hat viel Geld und lässt zu, dass August seinen Sohn malen kann. Ein Onkel von Elisabeth ist Kunstsammler und erkennt Mackes Können. Beide Männer fördern von nun an sein Talent. Obwohl August Mackes eigener Vater dagegen ist, finanziert Elisabeths Familie Macke das zweijährige Kunststudium an der Königlichen Kunstakademie Düsseldorf. Während seiner Zeit als Künstler schließt Macke Freundschaft mit anderen Künstlerkollegen, wie z. B. Franz Marc, Paul Klee oder Wassily Kandinsky. Zusammen mit Marc und Kandinsky arbeitet er auch am Almanach und der Ausstellung „Der Blaue Reiter".

Gerne unternimmt Macke zusammen mit seinen Künstlerfreunden Reisen. Diese inspirieren ihn und geben ihm neue Ideen für seine Motive. Oft ist er in Italien, in Frankreich und der Schweiz unterwegs. Die wichtigste Reise ist aber die „Tunisreise" im April 1914, eine Fahrt nach Tunesien gemeinsam mit Paul Klee und Louis Moilliet. Dort entstehen seine schönsten Bilder. Er bringt etwa 100 Zeichnungen, 38 Aquarelle und 52 Fotografien mit nach Hause. Diese Werke beinhalten hauptsächlich Straßen, Leute, Märkte, Gärten, Häuser oder Hafenanlagen. Sehr bekannt sind die Bilder KAIROUAN I (s. S. 75) und TÜRKISCHES CAFÉ II, auf dem das heute berühmte Café in Sidi Bou Said zu sehen ist.
Am 8. August 1914 wird August Macke zum Kriegsdienst eingezogen. In einem Gefecht wird er wenige Wochen später erschossen.

August Macke: Türkisches Café, 1914

August Macke

* 3. Januar 1887 in Meschede
+ 26. September 1914 (gefallen) bei Perthes-les-Hurlus, Frankreich

August Macke wird 1887 in Meschede geboren. Schon während seiner Schulzeit malt und zeichnet er gern und gut.

Als er 16 Jahre alt ist, verliebt er sich in Elisabeth Gerhardt. 1909 heiraten August Macke und Elisabeth Gerhardt.

Das Ehepaar bekommt zwei Söhne: Walter und Wolfgang.
1914 fällt August Macke während des 1. Weltkrieges.

Seine Bilder

Für August Macke ist der Gesamteindruck eines Bildes wichtiger als viele kleine Einzelheiten.
Deshalb malt er Menschen häufig von hinten oder ohne klare Gesichter, Häuser oft ohne Fenster ...
Male wie Macke: Versuche, einen Menschen von hinten zu malen. Male in leuchtenden Farben.

August Macke – ein Kreuzworträtsel

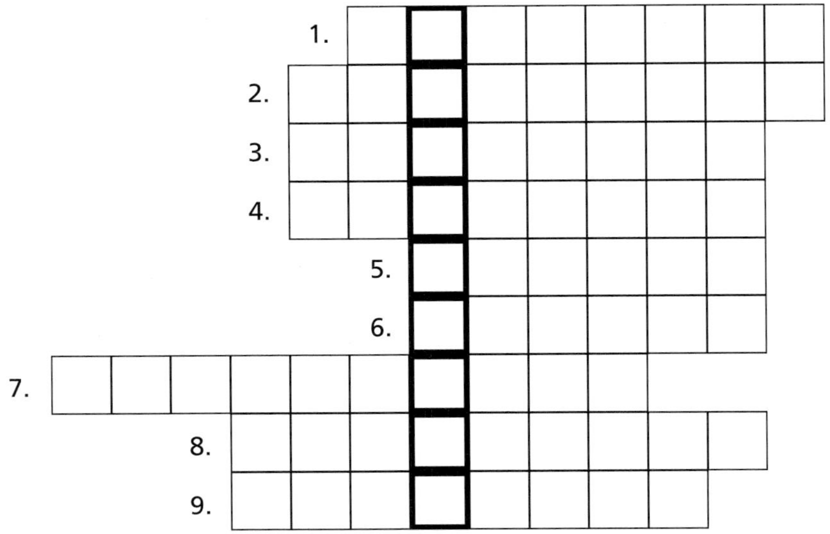

1. Wie alt ist Macke, als er sich in seine spätere Frau verliebt?
2. 1914 muss er seine Familie verlassen. Er zieht in den _____.
3. Was macht Macke 1909? Er _____.
4. Wo wird er geboren?
5. Wie heißt Macke mit Vornamen?
6. Hat Mackes Sohn Walter einen Bruder oder eine Schwester?
7. Gegen welches Land muss Macke in den Krieg ziehen?
8. In welchem Monat stirbt er?
9. Wie heißt seine spätere Frau mit Nachnamen?

Lösungswort: Elisabeth

Ein Abschied?

Die Farben auf Mackes Bildern sind meist fröhlich und hell, kräftig, aber auch zart. Gerne malt er Sommerbilder und Bilder von seinen vielen Reisen.
Nur ein einziges Bild malt er in dunklen, düsteren Farben. Das Bild heißt „Abschied" und ist aus dem Jahre 1914. Vielleicht ahnt er zu dieser Zeit schon seinen baldigen Tod.
Macke stirbt 1914 im 1. Weltkrieg in Frankreich.
Male das Umrissbild von Mackes Bild „Abschied" in dunklen düsteren Farben an.

Mein Lieblingsbild von August Macke

Von August Macke gefällt mir am besten das Bild
_____

So sieht es ungefähr aus:

1.1.5 Paul Klee

Paul Klee, Dessau, 1927
© Archiv Bürgi, Bern · Fotograf: Hugo Erfurth, Dessau 1927

Paul Klee wird 1879 in Münchenbuchsee bei Bern in der Schweiz geboren und stirbt 1940 in Muralto bei Locarno.
Klees Mutter ist Schweizerin, der Vater Deutscher. Seine Eltern sind beide Musiker und fördern schon frühzeitig die musikalischen Fähigkeiten ihres Sohnes. Deshalb lernt Paul Klee schon mit sieben Jahren das Geigespielen.
1898 beginnt er mit dem Studium der Malerei in München. In einem Kurs bei dem Maler und Kunstpädagogen Franz von Stuck begegnet er Wassily Kandinsky. Während seines Studiums unternimmt Paul Klee viele Reisen ins Ausland, vor allem nach Frankreich und Italien.
1906 zieht er endgültig nach München. In diesem Jahr heiratet er auch die Pianistin Lili Stumpf.
1911 begegnet er den Künstlern August Macke und Franz Marc. Auch Wassily Kandinsky trifft er wieder. Die Künstler verstehen sich untereinander sehr gut und Paul Klee beteiligt sich am Almanach und der Ausstellung des „Blauen Reiters".
Gemeinsam mit seinen Freunden August Macke und Louis Moilliet unternimmt Paul Klee 1914 die bekannte „Tunisreise". Diese Reise führt ihn zu einer verstärkten Auseinandersetzung mit der Farbe.
Von diesem Zeitpunkt an sind die Gemälde und Aquarelle Paul Klees durch einen individuellen Umgang mit zarten, durchscheinenden Farbflächen gekennzeichnet, die sich zusammen mit grafischen Elementen wie z. B. Zeichen und Linien zu traumhaft-assoziativen Gebilden verdichten.
Nach dem 1. Weltkrieg wirkt Paul Klee mit anderen Künstlern wie Wassily Kandinsky, Lyonel Feiniger und Oskar Schlemmer in Weimar und Dessau am Bauhaus.

Paul Klee in seinem Atelier in Weimar, um 1922

Auch während dieser Zeit ist Paul Klee viel unterwegs. Auf seiner Italienreise kommt er immer wieder ans Meer, das ihm zahlreiche Motive bietet.
Von 1931 bis 1933 arbeitet er als Professor an der Düsseldorfer Akademie.
Als er 1933 – nach der Machtübernahme der Nationalsozialisten – ein Lehrverbot erhält, verlässt er Deutschland und kehrt in die Schweiz nach Bern zurück.
Dort schafft er sein umfangreiches Spätwerk. Aufgrund einer Haut- und Muskelerkrankung malt er nun Bilder in größeren Formaten mit dickeren Linien und großen Flächen in gedämpften Farben. Düsternis und Todesahnung werden in diesen späten Werken widergespiegelt.
Paul Klee sieht Kunst nicht als Mittel zur Abbildung von Wirklichkeit, sondern als eine Art Schöpfungsakt. Sein Credo ist: „Kunst gibt nicht das Sichtbare wieder, sondern macht sichtbar."
Klee studiert genau die Vielfalt an Linien, Formen und Farben von Gegenständen, Tieren,

Menschen und Pflanzen. Dennoch zeichnet und malt er sie nicht so, wie sie in der Wirklichkeit sind. Er ist der Meinung, dass wirklichkeitsgetreue Bilder nur einen Teil, das Äußere, zeigen. Paul Klees Bestreben jedoch ist, nicht nur diese Äußerlichkeiten abzubilden, die ja sowieso jeder sehen kann, sondern das hervorzuheben, was wir fühlen, träumen und erleben.

Dabei sieht, fühlt und denkt jeder Mensch etwas anderes, auch abhängig von der jeweiligen Gemütslage. Diese Träume unterstreicht Paul Klee durch Musik. In einigen seiner Bilder bringt er die Formen und Farben zum Klingen wie die Töne in einem Musikstück.

Mit seinen mehr als 9000 Werken zählt Paul Klee heute zu einem der vielseitigsten und anregendsten Maler der ersten Hälfte des letzten Jahrhunderts.

Paul Klee

Fotograf: Hugo Erfurt, Dessau 1927
© Archiv Bürgi, Bern

* 18. Dezember 1879 in Münchenbuchsee, Schweiz
† 29. Juni 1940 in Muralto, Schweiz

Paul Klee
Fotograf: anonym, Bern 1892
© Zentrum Paul Klee, Bern, Schenkung Familie Klee

Paul Klee wird 1879 in Münchenbuchsee bei Bern geboren. Seine Mutter kommt aus der Schweiz, sein Vater ist Deutscher. Paul Klees Eltern lieben Musik, sodass auch er schon früh ein Instrument spielen lernt. Mit sieben Jahren beginnt der Geigenunterricht.

Im Jahre 1906 heiratet er Lili Stumpf. Mit ihr zieht er nach München.

Paul und Lily Klee
Fotografin: Fee Meisel, Bern 1934
© Zentrum Paul Klee, Bern, Schenkung Familie Klee

Paul Klee lernt während seiner Zeit als Maler auch andere Künstler kennen, wie zum Beispiel August Macke, Franz Marc und Wassily Kandinsky.

Linienbilder

Als Paul Klee schon ein alter Mann ist, leidet er unter einer Haut- und Muskelerkrankung; er kann seine Finger und Hände nicht mehr so gut bewegen. Deshalb malt er von nun an hauptsächlich große Bilder mit dicken Linien und Strichen.
Hast du schon einmal versucht, ein Bild aus nur einer einzigen Linie zu zeichnen?
Probiere es aus. Male zum Beispiel einen Menschen, eine Maschine, ein Tier oder eine Pflanze, ohne den Stift abzusetzen.

Träumereien

1914 unternimmt Paul Klee gemeinsam mit August Macke und Louis Moilliet eine Reise nach Tunesien. Klee ist ganz begeistert von dem hellen Sonnenlicht und den kräftig leuchtenden Farben, die dieses Licht widerspiegeln.
Doch nicht nur leuchtende Farben, sondern auch die Musik ist für Paul Klee wichtig. So bringt er beides in seine Bilder ein.
Male Tiere der Wüste (Esel, Kamele ...) in kräftig leuchtenden Farben. Ordne sie auf deinem Bild so wie Noten auf einem Notenblatt.

1.2 Didaktisch-methodischer Kommentar

Das vorliegende Buch soll Ihnen helfen, gemeinsam mit den Kindern Ihrer Klasse ausgewählte Werke einiger Künstler der Vereinigung des Blauen Reiters kennen zu lernen.

Warum die Bilder des Blauen Reiters?

Wir Autorinnen wählten ganz bewusst die Maler des Blauen Reiters aus. Zum einen handelt es sich bei ihnen – bis auf Kandinsky – um deutsche Künstler. Die Kinder erhalten so einen Einblick in das deutsche Kunst- und Kulturgut. Zum anderen haben alle der ausgesuchten Künstler sehr interessante Lebensläufe, die selbst Kinder aufregend und faszinierend finden. So merken sie sich ganz schnell und nachhaltig, dass sich August Macke auf dem Schulweg in seine spätere Ehefrau Elisabeth verliebte und dass Gabriele Münter zunächst eine Schülerin von Wassily Kandinsky war. Lernen die Kinder mehrere Künstler des Blauen Reiters kennen, finden sie rasch Zusammenhänge zwischen ihnen. So malte z. B. Franz Marc sein Bild „Das Blaue Pferdchen" für August Mackes Sohn Walter zum Geburtstag und Kandinsky und Marc beeinflussten sich gegenseitig beim Malen von eher abstrakten Werken. Zahlreiche Verbindungen der Künstler untereinander lassen das Wissen über einzelne Künstler zu einem großen Netz werden; die Kinder Ihrer Klasse entwickeln sich zu kleinen Experten in Sachen Blauer Reiter.

Weiterhin wählten die Künstler der Gruppe Bildmotive aus, die Kinder im Grundschulalter fesseln. So kommen z. B. sehr viel Tiere, Menschen und Landschaften vor. Sicher erkennen Kinder aus Oberbayern ihre Heimat auf einigen Werken wieder oder es können einige, die einen Urlaub in Tunesien verbracht haben, viel zu Mackes Werken der Tunisreise erzählen. Insgesamt strahlen alle Bilder eine hohe Farbigkeit aus. Darüber hinaus wird der Übergang vom Gegenständlichen zum Abstrakten bei einigen Werken bereits sichtbar.
All dies sind Dinge, denen Kinder aufgeschlossen gegenüberstehen.

Wie gehe ich mit dem Buch um?

Das Buch gliedert sich wie folgt:
1. Biografie des jeweiligen Malers für den Lehrer und Künstlerbuch als Kopie für die Schülerhand.
2. Werkbetrachtung mit Hintergrundinformationen zum Bild plus Vor- bzw. Nachgestaltung.

Selbstverständlich können Sie die Maler unabhängig voneinander und in einer von Ihnen gewählten Reihenfolge behandeln. Wir raten jedoch dazu, vor der Betrachtung eines Werkes auf jeden Fall die wichtigsten bzw. interessantesten Daten aus dem Lebenslauf des jeweiligen Künstlers mit den Kindern zu besprechen. Denn nur durch ein Kennenlernen der Person können sie einen persönlichen Bezug zu dieser aufbauen und sich völlig in ihre Werke hineinversetzen.

Vielen Kindern fällt es schwer, ruhig sitzen zu bleiben, ein Bild genau zu betrachten und auf sich wirken zu lassen. Deshalb hier ein Tipp für die eigentliche Betrachtung des Werkes: Schaffen Sie eine entspannte Atmosphäre: Verdunkeln Sie das Klassenzimmer, präsentieren Sie das Bild ansprechend und legen Sie eine CD oder MC mit klassischer Musik (zum Bild passend) ein, sodass es den Kindern erleichtert wird, sich in Ruhe auf das Bild einzulassen. Denn nur durch das genaue Ansehen, das Entdecken der Details eines Bildes kann man dieses näher kennen lernen.

Kandinsky
Murnau mit Kirche I

Informationen zum Bild

MURNAU MIT KIRCHE I von Wassily Kandinsky ist eines der berühmtesten Ansichten der Stadt Murnau dieses Künstlers. Bedeutsam an diesem Bild ist, dass sich hier dem Betrachter andeutungsweise erschließt, auf welche Weise sich Kandinsky weg von der gegenständlichen Malerei hin zur abstrakten Malerei vorangetastet hat. Einerseits handelt es sich hier um ein eindeutig zu bezeichnendes und konkret vorhandenes Landschaftsmotiv (eben Murnau mit Kirche): Einzelne Gegenstände des Bildes sind deutlich erkennbar, so zum Beispiel Berge, die Kirche, ein Zaun, Bäume und Häuser. Andererseits treibt Kandinsky in diesem Bild die Auflösung der Gegenstände bis zu einem bis dahin ungewöhnlichen Grad voran: Einige Gegenstände auf dem Bild sind nicht mehr so recht zu erkennen, der Betrachter muss seiner Fantasie freien Lauf lassen und Vermutungen anstellen. Viele Objekte werden nur schemenhaft dargestellt (z. B. Bäume, Häuser, Wege …). Der Einsatz der Farbe wird sehr frei gehandhabt und entspricht nicht unbedingt der Wirklichkeit. Eine echte Perspektive wird nicht konstruiert, vielmehr erzeugt Kandinsky durch die Verdichtung der Farbe in der Bildmitte wenigstens eine Andeutung von Tiefe im Bild.

Wassily Kandinsky
* 1866   † 1944

ein französischer Maler und Grafiker russischer Herkunft

einer der Begründer der abstrakten Kunst

gründet 1911 den Blauen Reiter

Wassily Kandinsky: Murnau mit Kirche I, 1910
© VG Bild-Kunst, Bonn 2005

Kandinsky – Schnipselmalerei

Vorlage:
- Murnau mit Kirche I (1910) auf Folie

Medien:
- Overheadprojektor
- Porträt von Kandinsky (s. S. 7) auf Folie
- ruhige, klassische Musik
- Beutel mit Schnipseln von der Vorlage (für jedes Kind einen Schnipsel)
- Zeichenpapier im DIN-A4- oder DIN-A5-Format
- Klebstoff
- Wasserfarben und Pinsel in verschiedenen Größen

Zeitbedarf: 2 Unterrichtsstunden

Vorbereitung
Zum Anfertigen der benötigten Schnipsel gibt es mehrere Möglichkeiten:
- Zerschneiden von Postkarten
- Bild scannen, mehrmals farbig ausdrucken und zerschneiden. Der Vorteil hierbei ist, dass das Werk vergrößert werden kann!
- Farbkopie(n) des Werkes zerschneiden.

Alternativ können die Kinder auch eine Schwarz-Weiß-Kopie als Schnipsel erhalten. Wichtig ist, dass die Schnipsel nicht zu klein sind.

Thema und Intention
Nach der Betrachtung des Werkes Murnau mit Kirche I gestalten die Kinder ein eigenes Landschaftsbild. Dabei sollen sie den Schnipsel aus dem Original in ihr Bild integrieren.
Das Beispiel Kandinskys ermuntert die Kinder, selbstbewusst mit großzügigen Pinselstrichen zu arbeiten. Diese expressive Malweise und die „unnatürliche" Farbgebung, die durch den Bildausschnitt initiiert werden, nehmen auch zurückhaltenden Kindern die Angst, eine naturgetreue Abbildung gestalten zu müssen.

Ziele
- assoziieren, interpretieren
- Bildträger formatfüllend gestalten
- spielerisch mit Farben umgehen
- Farben mischen

Mögliche Vorgehensweise
Zunächst berichtet der Lehrer aus dem Leben Wassily Kandinskys (s. S. 7 ff.) und zeigt ein Foto des Künstlers (s. S. 7). Dann schließen die Kinder die Augen. Der Lehrer verdunkelt das Klassenzimmer, spielt klassische Musik ab und präsentiert das Bild Murnau mit Kirche I.
Die Kinder können nun das Werk in Ruhe betrachten. Im darauf folgenden Gespräch beschreiben sie, was sie auf dem Werk entdecken. Dabei fällt ihnen sicher auf, dass manche Gebäude oder Pflanzen lediglich schemenhaft dargestellt werden und nur mit viel Fantasie zu erraten sind. Andere Gegenstände wiederum sind recht deutlich, andere überhaupt nicht zu

erkennen. Der Vorstellungskraft der Kinder ist hier keine Grenze gesetzt. Sicher haben sie zahlreiche Ideen, welche Dinge die einzelnen Farbtupfen auf dem Bild repräsentieren könnten. Der Lehrer informiert hier kurz über die Absicht des Malers, Formen aufzulösen.

Um das Bild mit allen Sinnen wahrzunehmen, wird nicht nur beschrieben, was man auf dem Bild *sieht*. Mit ein bisschen Fantasie kann man auch so einiges *hören* (Vogelgezwitscher, die Kirchturmglocke, ein leiser Wind weht, Menschen reden in weiter Ferne …), *riechen* (die kalte, klare Luft …) oder *spüren* (die Sonne auf der Haut, den Wind im Gesicht …).

Anschließend richten die Kinder ihren Arbeitsplatz her. Sie erhalten von dem Lehrer das Zeichenpapier und einen Schnipsel mit einem Teil des Motivs aus dem Bild. Diesen Schnipsel kleben die Kinder an eine beliebige Stelle auf das Papier. Ihre Aufgabe besteht darin, eine Landschaft zu malen, in der sich die Formen aufzulösen beginnen. Der Schnipsel soll dabei in das Bild eingefügt werden. Damit dieser in das Gesamtwerk passt, ist es wichtig, dass die Kinder am Schnipsel zu malen beginnen. Es ist nicht Ziel, das Werk Kandinskys zu kopieren. Vielmehr sollen die Kinder eine Landschaft ihrer eigenen Vorstellung (z. B. Blick auf den Heimatort) malen und Kandinskys Bild nur als Beispiel nehmen.

Abschließend werden die Werke der Kinder im Sitzkreis besprochen: *Welche Gegenstände, Gebäude oder Pflanzen können auf dem Bild erkannt werden? Wer entdeckt den Ausschnitt aus Kandinskys Werk?*

Kandinsky – Musik nach Bildern

Vorlage:

- MURNAU MIT KIRCHE I (1910) auf Folie

Medien:

- Overheadprojektor
- Orff-Instrumente (Metallofon, Xylofon, Glockenspiel, Rasseln, Trommeln, Klanghölzer usw.)
- evtl. Stift und Blatt für jede Gruppe

Zeitbedarf: 1 Unterrichtsstunde

Thema und Intention

Die Kinder sollen einen Einblick erhalten in die Vertonung von Kunstwerken.
Während einer Bildbetrachtung werden nach und nach alle Einzelheiten entdeckt, Nichtsichtbares wird ergänzt. Bei dieser Art der Kunstbetrachtung kommen auch die „Nichtkünstler" auf ihre Kosten und können sich einbringen.
Das Bild MURNAU MIT KIRCHE I gibt den Kindern viel Freiraum zum Fabulieren, ein Richtig oder Falsch gibt es nicht.
Vielleicht werden die Kinder sogar dazu animiert, sich andere Kunstwerke auszusuchen und darzustellen.
Der innere Bezug zu einem Kunstwerk wird durch diese Arbeitsweise verstärkt.

Ziele

- Klängen der verschiedenen Orff-Instrumente Geräusche zuordnen
- Bild musikalisch mit Orff-Instrumenten und Stimme gestalten
- Vorstellen wahrscheinlicher Geräusche und hörbarer Bewegungen
- Nichtdargestelltes ergänzen
- eine kleine Geräuschgeschichte erfinden

Mögliche Vorgehensweise

Voraussetzung für diese Stunde ist, dass die Kinder sowohl einige Daten aus dem Leben Wassily Kandinskys kennen als auch das Werk MURNAU MIT KIRCHE I genau betrachtet haben. Besonders wichtig ist hierbei das Wahrnehmen von Geräuschen, die in dieser Landschaft zu hören sein mögen.

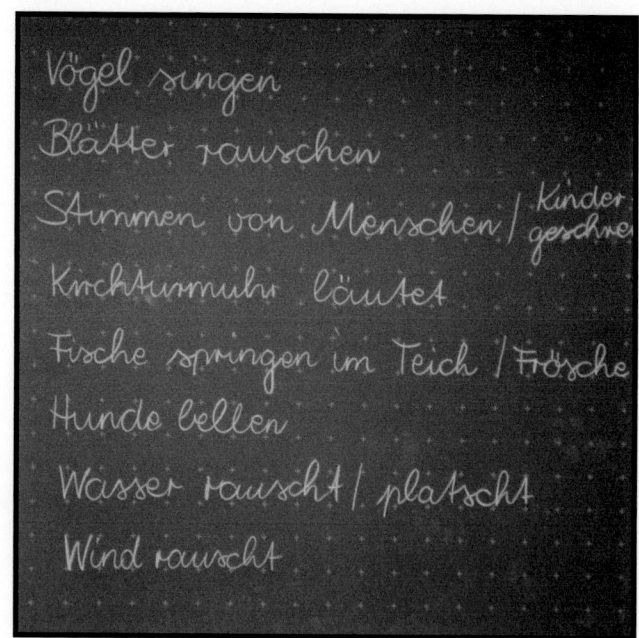

Nach der Besprechung bzw. Wiederholung des Bildes nimmt der Lehrer ein Orff-Instrument und spielt darauf. Die Kinder hören gut zu, denn nun sollen sie Ideen äußern und begründen, welches Geräusch dieses Orff-Instrument repräsentieren könnte (z. B.: Triangel = Vogelgezwitscher; Reiben auf der Trommel = Wind; Schläge auf das Metallofon = Kirchturmglocke usw.). Ebenso wird mit einigen weiteren Instrumenten verfahren.

Die Klasse wird nun in Gruppen von je vier bis sechs Kindern aufgeteilt. Jede Gruppe erhält verschiedene Orff-Instrumente. Die Aufgabe besteht nun darin, dass die Kinder den einzelnen Klängen der Instrumente Geräusche aus dem Bild zuordnen. Selbstverständlich sind auch Körperinstrumente zugelassen (mit der Zunge schnalzen, mit Fingern schnipsen, in die Hände klatschen usw.).

Leistungsstärkeren Gruppen kann durchaus zugetraut werden, nicht nur die Klänge zu finden, sondern auch eine kleine Geschichte zu dem Bild und den vorhandenen Geräuschen zu entwickeln. Dabei ist ein Kind der Erzähler, die anderen setzen zum richtigen Zeitpunkt mit dem Instrument ein.

Den Gruppen wird nun einige Zeit zum Überlegen und Üben gegeben. Es wäre günstig, wenn die eine oder andere Gruppe hierbei auf einen anderen Raum ausweichen könnte.

Anschließend führen die Kinder ihre Geräuschgeschichte vor der Klasse auf.

Für die Vertonung des Bildes können folgende Tipps hilfreich sein:

- Alle Geräusche einzeln üben.
- Ausgewählte Geräusche zusammen spielen, dabei auch Pausen zwischen den Geräuschen machen.
- Lautstärke (entfernte Geräusche leiser, nahe lauter) der Geräusche sollte variieren.

usw.

Beispiel für eine kleine Geräuschgeschichte:

Erzähler

- Die Kirchturmglocke schlägt neun Mal.
- Deshalb gehen die Leute in die Kirche.
- Der Wind pfeift über ihre Köpfe hinweg und die Vögel zwitschern in der Luft.

Mögliche Untermalung

- Schlagen auf ein Metallofon.
- Mit den Fingern auf den Tisch trommeln.
- Reiben mit der flachen Hand auf einer Trommel und schnelles und kurzes Schlagen auf eine Triangel.

Kandinsky — Malen in freier Natur

Medien:

- pro Kind eine Spanplatte (Pappel-Sperrholz) in der Größe 250 × 350 × 7 mm mit Loch
- kleinere Holzreste
- für jedes Kind eine Laubsäge
- Feilen und Raspeln
- Dispersionsfarben (blau, rot, gelb, weiß, braun, grün)
- Pinsel, Wasserbehälter und Wasser
- Zeitungen als Unterlage
- Proviant

Zeitbedarf: 2 Unterrichtsstunden zum Herstellen der Paletten und ein Unterrichtsvormittag zum Malen in freier Natur

Nützliche Vorkenntnisse

Die Kinder kennen den Umgang mit Feile, Raspel und Laubsäge.

Vorbereitung

In jede der Spanplatten muss von der Lehrkraft ein etwa 4 cm großes Loch mit der Lochsäge gesägt werden.

Thema und Intention

Die Kinder stellen selbst eine Palette her. Anschließend gestalten sie ein Bild in freier Natur. Ausgerüstet mit Papier, Dispersionsfarben, Wasser, Pinseln, Malerkitteln, Proviant und der selbst hergestellten Palette unternehmen die Kinder einen Ausflug in den nahen Stadtpark o. Ä., um Motive zu finden.

Ziele

- Farben sowie Formen bewusst wahrnehmen
- alle Sinne schulen

Mögliche Vorgehensweise

Zu Beginn lernen bzw. wiederholen die Kinder die richtige Arbeitstechnik mit der Laubsäge, die sie kurz an kleineren Holzresten üben sowie die nötigen Feil- und Raspeltechniken. Danach wird ihnen die weitere Vorgehensweise erklärt:

1. Zeichnet mit dem Bleistift die Sägelinie auf die vier Ecken der Spanplatte.
2. Sägt an den Spanplatten alle vier Ecken bogenförmig ab.
3. Raspelt und feilt die Ränder des so entstandenen Ovals glatt.

An einem folgenden Tag geht es in die Natur (Stadtpark o. Ä.). Am ausgewählten Ort angekommen, breiten die Kinder ihre Malerpaletten auf der Wiese aus und erhalten darauf je einen großen Farbklecks in jeder Farbe. Danach wählen sie sich ihr Motiv selbstständig aus und beginnen mit dem Malen.

Den Abschluss des Ausfluges bilden ein gemeinsames Picknick (während die Bilder trocknen) und das Betrachten der in der Wiese ausgelegten Bilder.
Folgende Aspekte können dabei zur Sprache kommen:

- Unterschiede: Malen in freier Natur – Malen im Klassenzimmer
- Schwierigkeiten beim Malen in freier Natur
- Positive Erfahrungen beim Malen in freier Natur.

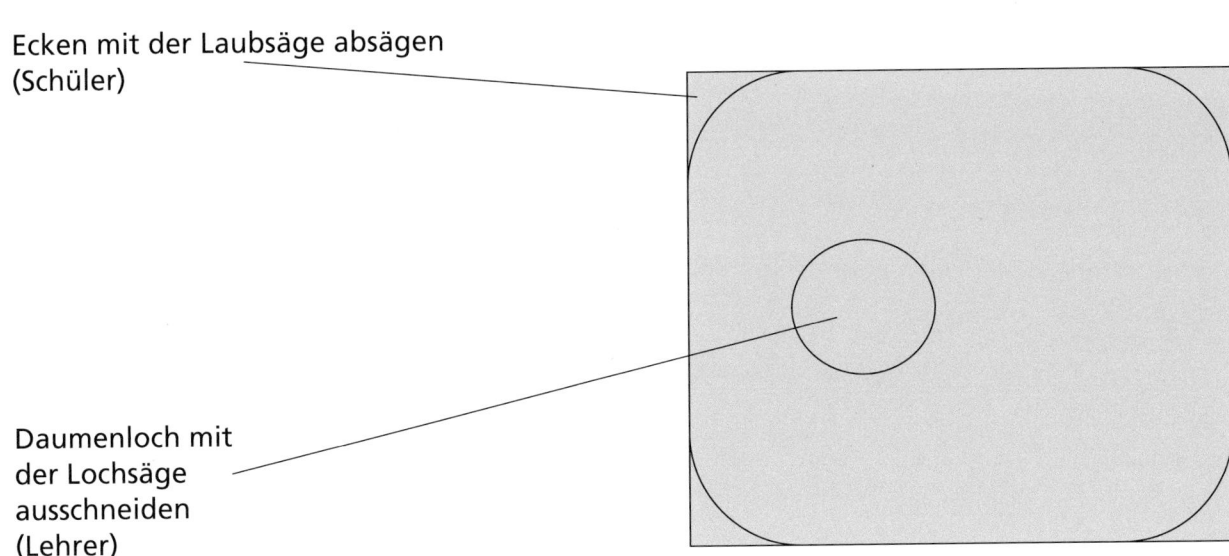

Ecken mit der Laubsäge absägen (Schüler)

Daumenloch mit der Lochsäge ausschneiden (Lehrer)

Kandinsky Reitendes Paar

Informationen zum Bild

Das REITENDE PAAR ist eines der Frühwerke Kandinskys, in denen er in märchenhaften, poetischen Bildern den Zauber lang vergangener Zeiten beschwört. Das Bild ist eines der letzen dieser Periode und entsteht im Winter 1906/07 während des etwa einjährigen Aufenthaltes in Sèvres bei Paris zusammen mit Gabriele Münter. Es zeigt ein eng umschlungenes, junges Paar in russischer Tracht auf einem märchenhaften, weißen Pferd reitend. Im Dunkel der Nacht leuchten die Blätter der schlanken Birkenstämmchen und die funkelnden Reflexe des Flusses wie Edelsteine auf. Weiße Segel zweier Wikingerschiffe aus längst vergangenen Zeiten ziehen vor der Kulisse einer vieltürmigen, russischen Stadt vorbei.

Wassily Kandinsky
* 1866 † 1944

ein französischer Maler und Grafiker russischer Herkunft

einer der Begründer der abstrakten Kunst

gründet 1911 den Blauen Reiter

Wassily Kandinsky: Reitendes Paar, 1906/07
© VG Bild-Kunst, Bonn 2005

Kandinsky

Der Zauberwald im Schuhkarton

Vorlage:

- REITENDES PAAR (1906/07) auf Folie

Medien:

- Overheadprojektor
- ggf. ruhige Musik
- pro Kind bzw. pro Schülerpaar einen Schuhkarton mit Deckel
- schwarze Sprühfarbe bzw. Dispersionsfarbe
- Teppichmesser für den Lehrer
- glitzernde Materialien (Alufolien-Reste, Papier von Pralinen oder Schokohasen, Engelshaar, Lametta usw.)
- Transparentpapier
- bunter Fotokarton
- Schere, Klebstoff und Filzstifte

Vorbereitung

- Schuhkartons innen schwarz anmalen bzw. ansprühen und auf einer der kurzen Seiten mit einem Guckloch versehen
- Aufteilen der Metallfolie bzw. des Transparentpapiers in die Schuhkartons

Zeitbedarf: 3 bis 4 Unterrichtsstunden

Thema und Intention

Völlig unbeeinflusst von Wissen über den Blauen Reiter oder das Leben Kandinskys sollen die Kinder die Stimmung und den Zauber des Bildes nachempfinden und nachgestalten.

Ziele

- räumliche Elemente zu einem Gestaltungszusammenhang kombinieren und einen Zauberwald gestalten
- Alltagsgegenstände und Fundstücke reflektieren und umdeuten

Mögliche Vorgehensweise

Da es wichtig ist, dass die durch die Betrachtung des Bildes hervorgerufene Stimmung nicht durch organisatorische Anweisungen oder Unruhe gestört wird, sollten die Kinder bereits zu Anfang der Stunde Schere und Klebstoff bereitlegen. Der Lehrer stellt die Schuhkartons bereit. In den Schuhkartons sollte bereits die erste „Ration" Metallfolie, Transparentpapier und Fotokarton hineingelegt werden. So entfällt das zeitaufwendige Austeilen der einzelnen Materialien.

Im abgedunkelten Klassenzimmer wird das Bild REITENDES PAAR auf dem Overheadprojektor präsentiert. Nach längerer, stiller Betrachtung, die evtl. durch ruhige, märchenhafte Musik unterstützt wird, nennen die Kinder ihre ersten Eindrücke, die zunächst kommentarlos zur Kenntnis genommen werden. Die Kinder vermuten, wer das dargestellte Paar sein könnte und weshalb es zu zweit durch das einsame Birkenwäldchen reitet. Es wird auch auf die Umgebung (Wald) hingewiesen und zum Beschreiben angeregt. Eine Lehrererzählung über Bild und Leben Kandinskys entfällt, um die Stimmung nicht zu stören.

Der Lehrer stellt nun das weitere Vorgehen vor: Die Kinder erhalten die Kartons mit den eingelegten Materialien. Sie arbeiten paarweise oder alleine. Aus dem Fotokarton schneiden sie Büsche und Bäume aus, die unten eine „Lasche" aufweisen. Anschließend werden die Bäume in leuchtenden Farben angemalt oder großzügig mit Glitzerfolie beklebt. Mit Hilfe der umgeknickten Lasche werden die Bäume in den Karton gestellt. Die Kinder müssen darauf achten, die Bäume im gesamten Karton zu verteilen und evtl. auch auf eine Anordnung in

Grüppchen zu achten. Die Wirkung der Anordnung wird durch das Guckloch überprüft. Anschließend werden die Bäume und Büsche am Kartonboden festgeklebt. Nun kann der gesamte Wald noch zusätzlich mit Metallfolie, Lametta usw. geschmückt werden. Manche Kinder möchten vielleicht auch noch das reitende Paar einfügen. Abschließend schneiden die Kinder mit Hilfe des Lehrers ein oder mehrere Löcher in den Deckel des Schuhkartons. Diese Löcher werden mit Transparentpapier zugeklebt. Stülpt man nun den Deckel auf den Karton und betrachtet den Wald durch das Guckloch, entfaltet sich der glitzernde Zauber eines Märchenwaldes.

Nach dem Aufräumen können die Guckloch-Schuhkartons am Fensterbrett aufgereiht und nacheinander betrachtet werden. Als Reflexion bildet sich das stille Aufschreiben der gewonnenen Eindrücke an.

Kandinsky
Der Zauberwald als Ritzbild

Vorlage:
- REITENDES PAAR (1906/07) auf Folie

Medien:
- Overheadprojektor
- 2 leere Glasdias pro Kind
- ein Schaschlikspieß oder Zahnstocher pro Kind
- transparente Glasmalfarbe oder Folienstifte
- schwarze Dispersions- oder Acrylfarbe
- wasserfester Folienstift
- Dia-Projektor

Vorbereitung:
- Schwärzen <u>einer</u> Innenseite der Dias mit der schwarzen Farbe

Zeitbedarf: 1 bis 2 Unterrichtsstunden

Thema und Intention

Ausgehend von Kandinskys Bild REITENDES PAAR sollen die Kinder, angeregt durch die zauberhafte Stimmung, einen Zauberwald als Ritzbild anfertigen, der anschließend farbig akzentuiert wird.
Diese Technik eignet sich, um rasche Ergebnisse zu erzielen. Das Thema „Zauberwald" bietet dazu ausreichend Offenheit, es gibt kein Richtig oder Falsch. Möglichkeiten zum Kombinieren von Linien, Strukturen und Flächen bieten besonderen Anreiz und das anschließende farbige Akzentuieren unterstützt den kreativen Ausdruck.

Ziele
- Finden eigener grafischer Bildzeichen
- farbige Akzente setzen

Mögliche Vorgehensweise

Das Bild REITENDES PAAR wird intensiv betrachtet (s. S. 41), dann wird das Vorhaben, den Wald in ein Glasdia zu ritzen, vorgestellt. An einem geschwärzten Dia, das auf den Overheadprojektor gelegt wird, wird die Kratztechnik vorgestellt: Es können entweder die Umrisse der Bäume geritzt oder die gesamten Flächen der Bäume weggekratzt werden. Beide Möglichkeiten werden vorgeführt.
Ist das Bild fertig eingeritzt, kann die nicht geschwärzte Innenseite des Dias mit bunten Glasmalfarben oder Folienstiften angemalt werden. Wenn das Glasdia zusammengeklappt ist, kann das kleine Kunstwerk nicht mehr verwischen.
Es empfiehlt sich, die Vorgehensweise als Merkhilfe kurz an der Tafel (s. S. 45) zu fixieren!
Die Kinder erhalten nun je zwei Dias, um die Technik umzusetzen. Der Diarahmen wird mit dem Namen des jeweiligen Kindes versehen. Anschließend arbeiten die Kinder bei leiser Musik konzentriert und hoch motiviert.
Abschließend darf jedes Kind eines seiner beiden Dias auswählen, das dann mit dem Dia-Projektor vorgestellt wird. Die Wirkung der groß an die Wand projizierten Dias ist erstaunlich!

Mögliches Tafelbild

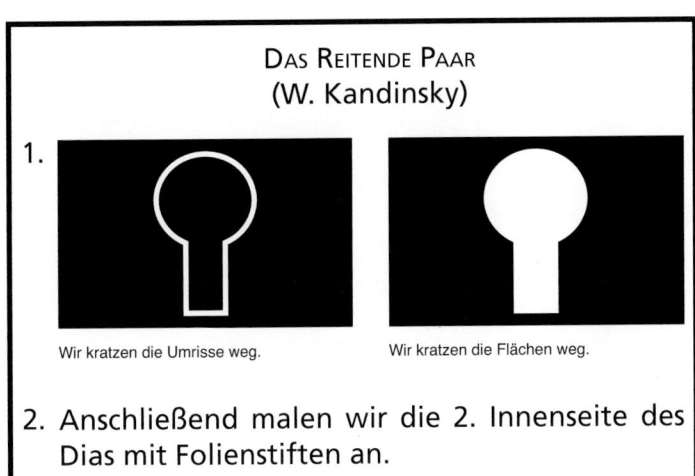

Tipp

Das Bild eignet sich übrigens hervorragend dazu, eine freie Fantasiegeschichte zu verfassen. Die Geschichten werden illustriert, dann als „Buch" gebunden und in die Klassenbücherei gestellt.

Marc
Das kleine blaue Pferdchen

Informationen zum Bild

Das Werk DAS KLEINE BLAUE PFERDCHEN zeigt ein Pferdchen in einer bunten Landschaft. Diese ist gekennzeichnet durch Hügel, einen Baum und kleine Büsche. Der Hintergrund ist nicht in den natürlichen Farben gemalt, sondern in Rot-, Grün- und Gelbtönen gehalten. Dies entspricht der Farbsymbolik Marcs.

Es fällt dabei auf, dass oftmals Komplementärfarben, wie z. B. Rot und Grün, nebeneinander liegen, was die Leuchtkraft der Farben verstärkt.

Wie auch in vielen anderen Werken Franz Marcs verstecken sich in der Landschaft zahlreiche geometrische Formen, wie z. B. Dreiecke, Vielecke, Ovale oder Kreise. Sie stellen schon einen Schritt in Richtung des Abstrakten dar.

Das Pferdchen selbst ist in der Farbe Blau gemalt. Dies symbolisiert Stille und Männlichkeit. Auch wenn keinerlei Gesichtszüge des Pferdchens erkennbar sind, so wirkt das Tier auf das Auge des Betrachters doch zufrieden, ruhig und ausgeglichen.

Franz Marc
* 1880   † 1916

ein deutscher Maler und Grafiker

gründet 1911 den Blauen Reiter

benutzt symbolisch befrachtete Farben und klare Formen

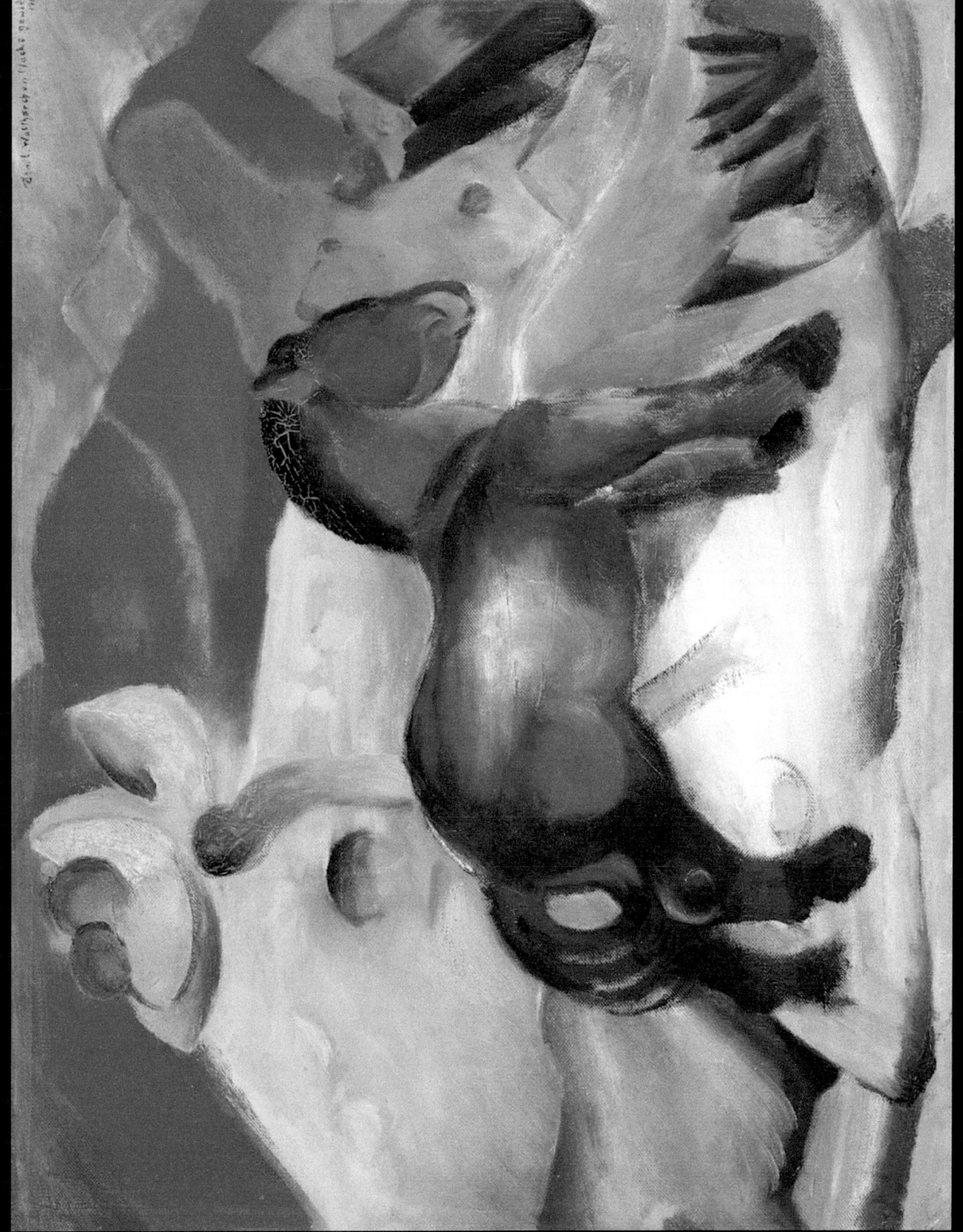

Franz Marc: Das kleine blaue Pferdchen, 1912

Marc
Warum ist das Pferdchen blau?

Vorlage:
- Das kleine blaue Pferdchen (1912) auf Folie

Medien:
- Overheadprojektor
- Umrissbild vom Bild Das kleine blaue Pferdchen auf Folie (s. S. 50)
- Umrissbild vom Bild Das kleine blaue Pferdchen als Kopie für jedes Kind (s. S. 50)
- Porträt von Marc (s. S. 12) auf Folie
- klassische Musik
- Wachsmalkreiden oder Buntstifte

Zeitbedarf: 2 Unterrichtsstunden

Thema und Intention

Tiere sprechen Kinder besonders an, sodass die Bildwelt Marcs für Kinder insbesondere geeignet ist, da er sich gerne mit Tieren auseinandergesetzt hat.
Malen ist eine der am häufigsten anzutreffenden künstlerisch-ästhetischen Aktivitäten von Kindern. Aufgrund der Einbeziehung einer Vorlage können sich die Kinder in dieser Einheit auf den fantasievollen Umgang mit Farbe konzentrieren. Dabei sollen die Kinder erfahren, dass Marc seine Empfindungen durch die Farbe ausgedrückt hat und somit die Farben seiner Bilder nicht realistisch sind.

Ziele
- Farbsymbolik Franz Marcs kennen lernen
- Farben bewusst einsetzen
- spielerisch mit Farben umgehen

Mögliche Vorgehensweise

Zunächst werden Hinweise zum Lebenslauf Franz Marcs (s. S. 12 ff.) gegeben. Es bietet sich dabei an, ein Porträt des Künstlers (s. S. 12) zu präsentieren.
Sollten die Kinder August Macke bereits kennen, ist es ratsam, den Kindern zu erzählen, dass Marc das nun zu betrachtende Bild für Walter Macke, den Sohn von August Macke, als Geschenk gemalt hat. Dies bezeugt die Inschrift „Für Walterchen Macke" am oberen rechten Rand des Werkes.
Die Kinder hören nun ruhige, klassische Musik und betrachten die Umrisszeichnung, die mit dem Overheadprojektor präsentiert wird. Sie können sich frei zu dem Bild äußern.
Sicher wird ihnen auffallen, dass es sich hierbei nicht um das Bild des Künstlers handeln kann. Trotz fehlender Farbe sind die Berge, Bäume, Sträucher und natürlich Pferdchen deutlich erkennbar.
Bestimmt haben die Kinder auch eine Idee, wie das Bild heißen könnte. Die Vermutungen der Kinder werden an der Tafel notiert.
Während der folgenden Phase der Gestaltung erhalten die Kinder die Umrisszeichnung als Kopie. Ihre Aufgabe besteht darin, das Bild auszumalen, so wie sie denken, dass der Maler dies getan haben könnte.
Einige ausgewählte Arbeiten werden anschließend an die Tafel gehängt.
Die Kinder sollen genau begründen, welche Farbe sie für welchen Gegenstand benutzt haben und warum. Zum Beispiel: „Ich habe den Baum grün und braun gemalt, weil er in der Natur auch so aussieht."

Anschließend wird das farbige Bild mit den Worten *Wir wollen nun sehen, welche Farben Franz Marc für sein Bild benutzt hat* auf den Overheadprojektor gelegt.

Die Kinder werden – sofern sie noch keinen Zugang zu Franz Marc und seinen Werken hatten – sehr erstaunt über die Farbwahl des Künstlers sein. Sie beschreiben diese zunächst genau: Das Pferd ist blau, der Baum ist gelb und grün, die Berge sind rot, gelb und grün. Manche Kinder werden sicher den Begriff „Fantasielandschaft" benutzen.

Eine Information über die Farbsymbolik Franz Marcs wird den Kindern gegeben: Der Künstler malte die Landschaft in bunten, unnatürlichen Farben, da er malen wollte, was Tiere beim Anblick dieser Landschaft empfanden. Da Tiere natürlich anders fühlen als Menschen, musste er daher auch andere Farben benutzen. Farben repräsentieren nach Marc aber auch bestimmte Eigenschaften. Dabei symbolisiert die Farbe Blau für das Pferd Ruhe, Stärke, Stille oder Ernsthaftigkeit.

Als Abschluss bietet sich ein Vergleich zwischen den eigenen Bildern und dem von Franz Marc an. Auch der richtige Titel des Bildes, DAS KLEINE BLAUE PFERDCHEN, sollte genannt werden.

Das kleine blaue Pferdchen (Umrissbild)

Marc – Das Pferdchen im Kaufhaus

Vorlage:

- DAS KLEINE BLAUE PFERDCHEN (1912) auf Folie

Medien:

- Overheadprojektor
- Porträt von Marc (s. S. 12) auf Folie
- Zeichenpapier im DIN-A3-Format
- Deckfarben, Pinsel und Schwämmchen
- Schere, Klebstoff
- Ausschneidebild des Pferdchens für jedes Kind (s. S. 54)
- Kataloge, Werbeprospekte von Supermärkten usw.
- ruhige klassische Musik
- Fantasiereise (s. S. 52)

Zeitbedarf: 1 bis 2 Unterrichtsstunden

Vorbereitung

Im Vorfeld müssen Kataloge und Prospekte gesammelt werden.
Vorbereitend fertigen die Kinder mit Deckfarben in Schwämmchentechnik den Hintergrund des Bildes: etwa $1/3$ Boden, $2/3$ Wand.

Thema und Intention

Die Kinder gestalten dem Pferdchen von Franz Marc eine neue Umgebung: Inspiriert durch eine Fantasiegeschichte lösen die Kinder das Pferd aus seiner Landschaft heraus und setzen es in die Umgebung eines Kaufhauses.

Ziele

- Vorstellungen entwickeln
- Raum strukturieren
- probieren, experimentieren und zu einer Collage zusammenfügen

Mögliche Vorgehensweise

Sofern die Kinder das Gemälde DAS KLEINE BLAUE PFERDCHEN von Franz Marc noch nicht kennen gelernt haben, betrachten sie es nun still mit unterlegter ruhiger, klassischer Musik. Dann nennen sie ihre Eindrücke, beschreiben das Bild und finden einen Bildtitel. Der Lehrer informiert über das Leben des Künstlers sowie seiner Farbsymbolik (s. S. 16). Ein Porträt Marcs wird dazu präsentiert.
Anschließend begeben sich die Kinder auf eine Fantasiereise (s. S. 52). Es wird erzählt, wie sehr sich das blaue Pferdchen im Museum langweilt. Eines Tages springt es deshalb aus dem Rahmen und macht sich auf den Weg in die Innenstadt. Dort besucht es ein großes Kaufhaus. Die Kinder vermuten im Anschluss an die Reise: Was sieht das Pferdchen auf seinem Weg? Wie reagieren die Menschen? Was könnte das für ein großes Haus sein, das es sieht? Welche Abteilungen wird es wohl im Kaufhaus besuchen? Der Arbeitstitel „Das Pferdchen im Kaufhaus" wird vorgestellt.
Mit den Kindern werden die Arbeitsschritte und Bewertungskriterien besprochen und an der Tafel fixiert: Sie erhalten eine Kopie des Pferdchens und kleben dieses auf den vorberei-

teten Hintergrund oder zeichnen selbst ein Pferd.

Anschließend schneiden die Kinder Motive – passend zum Thema Kaufhaus – aus, arrangieren diese auf dem Bild und kleben alles zum Schluss auf. Regale usw. werden mit Deckfarben ergänzt.

Ältere Kinder können dazu angehalten werden, sich eine Abteilung im Kaufhaus auszusuchen (z. B. Elektro-, Haushaltswaren-, Bekleidungsabteilung) und nur hierzu passende Motive zu verwenden. Wichtig ist auch der Hinweis, dass die Waren nicht „in der Luft fliegen", sondern auf dem Boden oder in einem Regal stehen.

Ausgewählte Schülerarbeiten werden an die Tafel gehängt. Im Sitzhalbkreis reflektieren die Kinder ihre Arbeiten.

Fantasiereise

Das Pferdchen im Kaufhaus

Schau einmal, was für ein wunderschönes Pferdchen! Sein Zuhause ist ein Bild, das in einem Museum hängt. Viele Jahre ist das blaue Pferdchen nun dort und andauernd muss es am selben Platz sitzen und niemand redet mit ihm. Heute ist ihm wieder ganz besonders langweilig. Es würde lieber herumlaufen, sich die anderen Bilder ansehen oder mit den Menschen reden. Vor allem möchte es wissen, was es außerhalb des Museums noch so alles zu sehen gibt. Plötzlich hat es eine Idee ...

Das Pferdchen nimmt seine ganze Kraft zusammen und hüpft mit einem eleganten Sprung aus dem Bild. Aber weil seine Knochen vom langen stillen Stehen schon ganz steif geworden sind, landet das Pferdchen nicht gerade elegant auf seinen Hufen, sondern mit einem lauten Plumps auf seinem Hinterteil. „Macht nichts", sagt sich das Pferdchen und schüttelt sich ein paar Mal. „Hauptsache, ich hab es geschafft. Jetzt kann es losgehen!" Ganz still und leise schleicht es sich aus dem Saal die Treppe hinunter und schließlich aus dem Museum heraus. Was es wohl alles sehen wird? Im warmen Sonnenstrahl spaziert es gemütlich die lange Straße entlang. Schließlich kommt es an ein riesiges Gebäude. Hunderte von Menschen strömen aus dem Gebäude hinaus und wieder hinein. Viele Menschen laufen auf der Straße und verschwinden in einem anderen großen Haus. „Was steht da an der Mauer des Hauses?", fragt sich das Pferdchen neugierig. „Kaufhaus", kann es mit viel Mühe entziffern. „Da muss es ganz besonders schön sein, wenn so viele Leute dort hingehen", denkt sich das Pferdchen, „da muss ich unbedingt auch hinein." Es kann es kaum erwarten und trabt gleich ein bisschen schneller ...

(nach: „Ein Tiger sucht seinen Maler"
von Michaela Finkenzeller)

Tipp

Eine fächerübergreifende Idee zum Deutschunterricht ist, dass die Kinder sich eine Fantasiegeschichte zum Thema „Das blaue Pferdchen träumt vom Ausreißen" ausdenken.

Dabei können die Kinder unterschiedliche Vermutungen äußern, was das Pferdchen wohl in seinem Bild im Museum denken mag, wie es auf die Idee kommt, aus dem Rahmen zu springen, um etwas zu erleben. Nun macht es sich auf den Weg in die Stadt. Was passiert ihm dort wohl? Welche Eindrücke gewinnt das Pferdchen? Wo geht es überall hin? Wo gefällt es ihm am besten? Wie geht es weiter? Kehrt das Pferdchen wieder ins Museum zurück oder findet es eine Koppel, auf der es beschließt zu bleiben?

Der Fantasie der Kinder sind keine Grenzen gesetzt.

Nicht vergessen sollte man, dass die Kinder ihre Geschichten sicher gerne ihren Mitschülern vorstellen. Zum Schluss kann man die Reinschriften zu einem Buch binden, dieses in die Geschichtenecke legen oder in die Klassenbücherei stellen. Alternativ schmücken die Fantasieerzählungen – auf farbiges Papier geschrieben – die Pinnwand im Klassenzimmer.

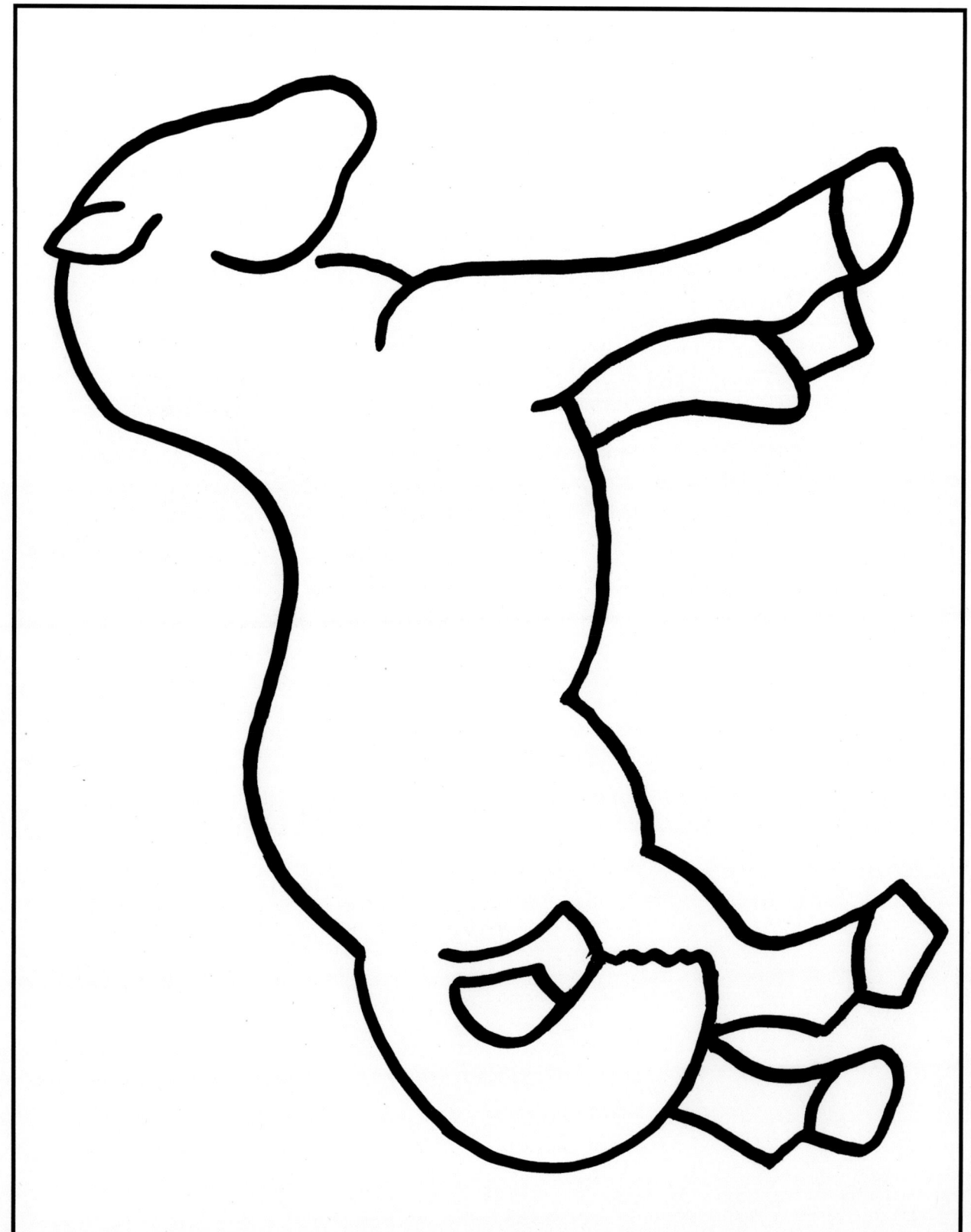

Pferdchen (Ausschneidebild)

Marc

Vögel

Informationen zum Bild

Das Bild VÖGEL gestaltet Franz Marc kurz vor dem Ausbruch des Ersten Weltkrieges. Es zählt zu den bedeutendsten Werken dieser Schaffensperiode und ist ein Beispiel für Marcs Tendenz, sich mehr und mehr ungegenständlicher Formen zu bedienen. Das Bild zeigt drei Vögel, von Marc mit vereinfachten, grafischen Linien dargestellt, die aber nur einen kleinen Teil der Bildfläche einnehmen. Über die gesamte Bildfläche jedoch schwirren und flirren zackige, spitze Farbsplitter wie ein großer abstrakter Farbfächer. Die leuchtenden Farben, die spitzwinkligen, prismatisch gebrochenen Formen nehmen das Motiv des Flügelschlages auf. Trotz der darin enthaltenen Dynamik erzeugen sie ein Gefühl der Ruhe und Stille.

Franz Marc
* 1880   † 1916

ein deutscher Maler und Grafiker

gründet 1911 den Blauen Reiter

benutzt symbolisch befrachtete Farben und klare Formen

Franz Marc: Vögel, 1914

Marc – Gestalten eines Vexierbildes

Vorlage:
- VÖGEL (1914) auf Folie

Medien:
- Overheadprojektor
- DIN-A3-Zeichenpapier
- Bleistifte, Wasserfarben und Pinsel, dicke schwarze Filzstifte für jedes Kind
- für jüngere Kinder: Umrissbilder verschiedener Tiere (s. S. 59 ff.)
- leere Folie und ein dicker schwarzer Folienstift

Zeitbedarf: etwa 2 Unterrichtsstunden

Thema und Intention

Die Kinder lernen Franz Marcs besondere und (im Vergleich zu dem Bild DAS KLEINE BLAUE PFERDCHEN) weiter entwickelte Malweise kennen: Die zunehmende Verwendung ungegenständlicher Formen, das Aufsplittern in Farbfacetten und das „Verstecken" der gegenständlich gemalten Tiere im abstrakten Hintergrund.
Diese Malweise erinnert an die aus manchen Rätselzeitschriften bekannten Vexierbilder, die sich auch von Kindern relativ einfach selber herstellen lassen. Daher bieten sie eine gute Möglichkeit, Marcs Malweise nachzuempfinden.

Ziele
- Wirkung von Farben und Formen wahrnehmen, erkennen und beschreiben
- verschiedene Farbtöne mischen
- spielerisch mit Farben und Formen umgehen
- bewusst Akzente setzen
- formatfüllend arbeiten

Mögliche Vorgehensweise

Franz Marcs Bild wird stumm präsentiert. Die Kinder äußern frei ihre Gedanken zum Motiv, suchen die Vögel und nennen Auffälligkeiten. Gemeinsam wird nach einem Titel für das Bild gesucht. Ist Marcs Bild DAS KLEINE BLAUE PFERDCHEN bekannt, kann ein Vergleich stattfinden.
Nun wird die Aufmerksamkeit der Kinder auf die facettenartige Malweise Marcs gelenkt. Dazu wird eine leere Folie über das Bild am Overheadprojektor gelegt und einzelne, die Vögel umgebende oder sie zerschneidende Linien werden mit dem Folienstift nachgespurt. Es wird herausgearbeitet, dass Marc die Vögel hinter den vielen Linien geradezu „versteckt", dass die Linien die Vögel nahezu zerschneiden und über die Körper der Tiere hinausgezogen werden. Ein solches „Rätselbild" wird auch Vexierbild genannt. Alle Erkenntnisse werden stichpunktartig – vielleicht unter dem Stichwort „Franz Marcs besondere Malweise" – an der Tafel notiert.
Nun wird das Ziel der Unterrichtsstunde, ein Vexierbild im Stile Marcs zu gestalten, genannt. Während die Vorgehensweise mündlich erklärt wird, wird sie gleichzeitig beispielhaft an der Tafel ausgeführt:

1. Der Umriss eines Tieres wird mit Bleistift möglichst groß auf das Zeichenblatt gezeichnet.
2. Mit Bleistift werden willkürlich, aber nicht zu dicht, Linien über das ganze Blatt gezogen.
3. Mit Wasserfarben wird jede Fläche des Bildes in einem anderen Farbton ausgemalt. Dazu müssen die Farben gemischt werden, um unterschiedliche Schattierungen zu erzielen!

4. Nach dem Trocknen des Bildes werden die Bleistiftlinien dick mit schwarzem Filzstift nachgezogen.

Den Abschluss der Stunde bildet eine „Raterunde", in der die Kinder herausfinden, welche Tiere ihre Schulkameraden gemalt haben.

Tiere I (Umrissbilder)

Tiere II (Umrissbilder)

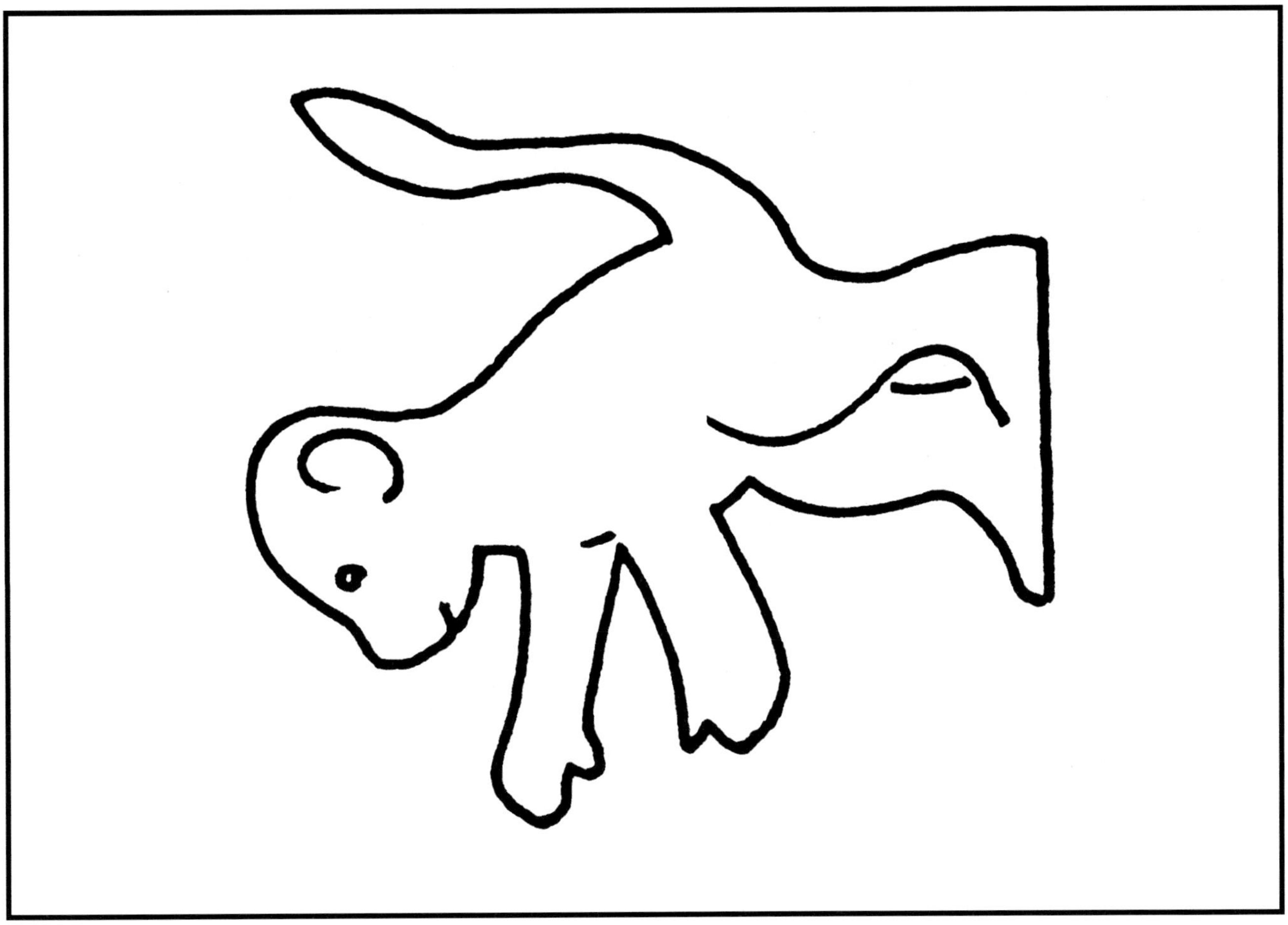

Tiere III (Umrissbilder)

Marc
Collage mit geometrischen Formen

Vorlage:
- VÖGEL (1914) auf Folie

Medien:
- große geometrische Formen als Demonstrationsmaterial für die Tafel
- schwarzes Tonpapier im Format DIN A3 für jede Gruppe
- Kopien des Tangrams auf verschiedenfarbigem, hellem Tonpapier (mindestens 4 verschiedene Farben pro Gruppe) (s. S. 64)
- für jedes Kind Schere und Klebstoff

Zeitbedarf: 1 Unterrichtsstunde

Vorbereitung
Vogel und Giraffe sollten vor der Stunde verdeckt an die Tafel geheftet werden.

Thema und Intention
Franz Marcs Ziel ist, sich gänzlich in das Wesen, die Gedanken und Stimmungen der gemalten Tiere einzufügen. Er malt Tiere so, wie sie sich seiner Meinung nach fühlen und wie sie ihre Umgebung wahrnehmen. Liegt da die Vermutung nicht nahe, dass Tiere, die derartig facettenartig und „zerschnitten" dargestellt werden, nun ihrerseits die Umgebung nur in geometrischen Formen unterteilt wahrnehmen?

Ohne diesen Zusammenhang explizit zu formulieren, sollen die Kinder mit Hilfe vorher ausgeschnittener geometrischer Formen nun weitere Tiere gestalten (ähnlich einem Tangram). Die Kinder erhalten die Aufgabe, die Tiere so zu gestalten, wie sie in den Augen der „zerschnittenen", in kleine spitze Vielecke zerlegten Vögel möglicherweise aussehen.

Ziele
- Vorstellungen entwickeln, planen und organisieren
- Kooperation
- formatfüllend arbeiten
- spielerisch mit Formen umgehen
- Figuren aus geometrischen Formen legen

Mögliche Vorgehensweise
Zu Beginn der Stunde zerschneiden die Kinder in Partnerarbeit die bunten Tonpapiere und erhalten so viele geometrische Formen. Die einzelnen Teile werden nun zur Seite gelegt und sicher verstaut!

Die Kinder betrachten das Bild VÖGEL und suchen die geometrischen Grundformen Kreis, Dreieck, Viereck im Bild auf.

Eine Lehrererzählung über ein besonderes Erlebnis eines kleinen Vogels schließt sich an:

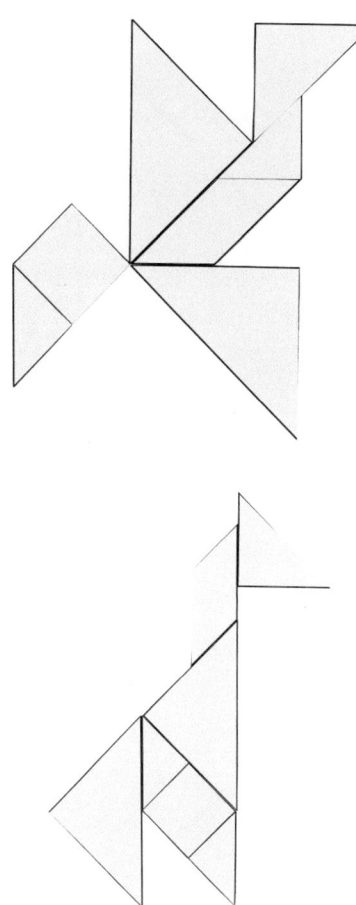

Der kleine Vogel ist neugierig und furchtlos. Es ist ihm langweilig, immer im selben Wald herumzufliegen. Eines Tages wagt er es, weit, weit fortzufliegen. Er fliegt bis nach Afrika, wo er wunderbare Pflanzen und riesige Tiere sieht. Der Lehrer öffnet nun das Tafelbild, an dem der Vogel und eine Giraffe in Form eines Tangrams gelegt wurden.

Die Kinder vermuten nun, was der kleine Vogel noch sehen könnte: Giraffen, Krokodile, Elefanten, Palmen, Flüsse usw. Einzelne Kinder legen aus den großen Tafelformen Tiere oder Pflanzen. Anschließend legen sie in Partnerarbeit mit ihren ausgeschnittenen Formen Tiere und Pflanzen auf ihrem schwarzen Tonpapier. Dabei soll das Blatt vollständig ausgelegt und verschiedene Anordnungen erprobt werden. Erst wenn das Blatt zur Zufriedenheit beider Partner belegt ist, werden die Formen festgeklebt.

Haben einzelne Kinder noch Zeit, können sie eine kleine Geschichte zu ihrem Bild verfassen. Am Ende der Stunde werden die Bilder aufgehängt, gewürdigt und evtl. die verfassten Geschichten vorgelesen.

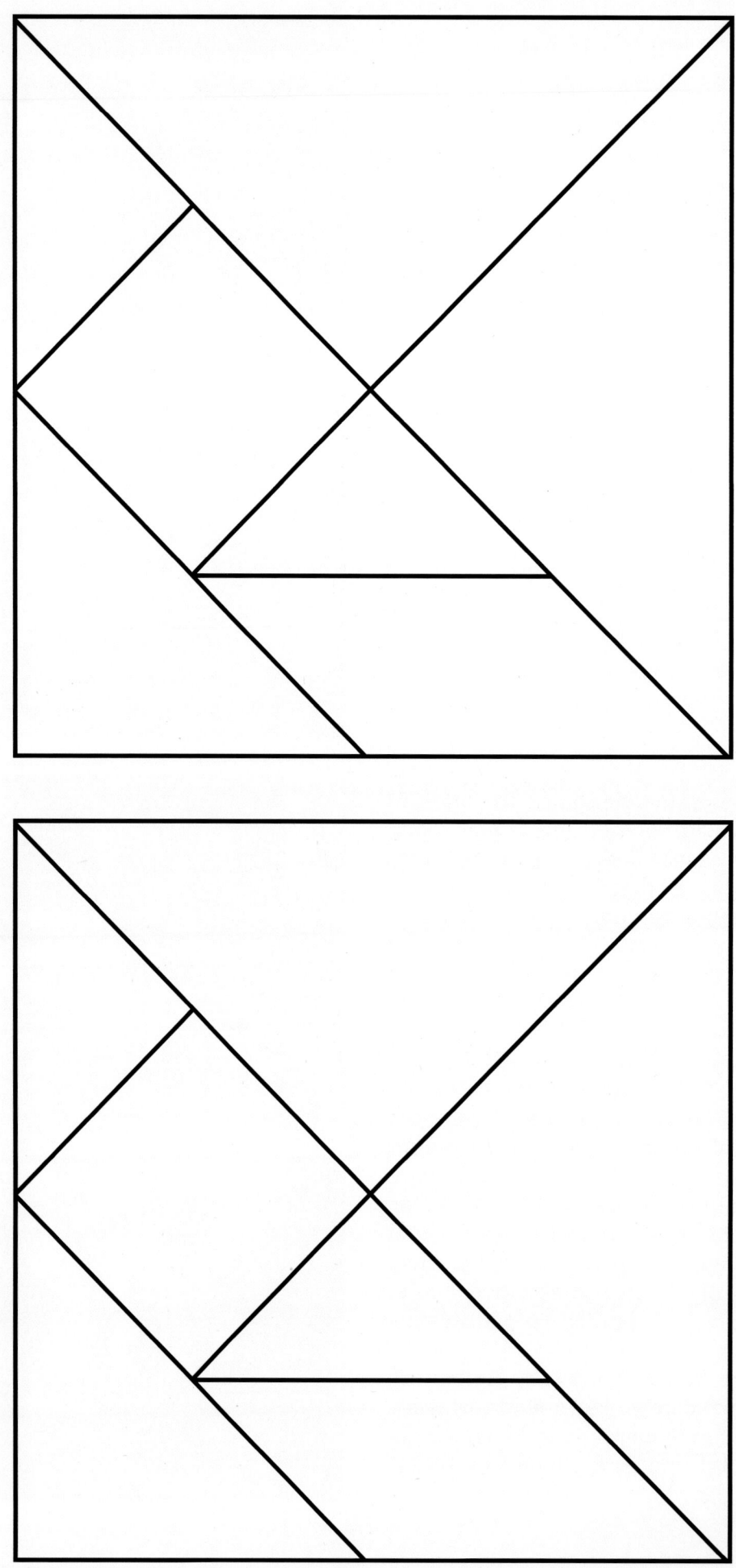

Tangram

Münter
Zuhören (Bildnis Jawlensky)

Informationen zum Bild

Das Künstlerpaar Gabriele Münter und Wassily Kandinsky pflegt intensive Kontakte mit befreundeten Malern. Häufig tauschen sie schriftlich oder mündlich ihre eigenen, sehr ausgeprägten Ansichten über künstlerische Fragen aus. Anlässlich einer solchen Diskussionsrunde entsteht im Jahr 1909 das Bild ZUHÖREN. Gabriele Münter selbst berichtet über eine Begegnung zwischen Jawlensky, Klee und Kandinsky, die bei einem Treffen wieder einmal unablässig über Kunst und ihre eigenen Ansichten darüber diskutieren. Jawlensky kann den Ausführungen Klees und Kandinskys nicht immer folgen und zeigt sich ob deren Theorien häufig verwirrt. Der verdutzte, fragende Ausdruck seines runden Gesichtes regt Gabriele Münter dann zu diesem Porträt an.

An diesem Bild begeistert Gabriele Münters Vermögen, Jawlenskys verständnislosen Gesichtsausdruck mit einfachsten Mitteln in dieser Eindeutigkeit darzustellen: Die hochgezogenen Augenbrauen, die kugelrunden Augen, der leicht geneigte Kopf und der gebogene Oberkörper bringen Jawlenskys Verwirrung und vielleicht Hilflosigkeit eindringlich zum Ausdruck. Die Tischlampe im Vordergrund des Bildes rückt ihn dabei mit ihrem leuchtend roten Schirm in den Hintergrund und kennzeichnet ihn als jemanden, der nur am Rande der Diskussion teilnimmt.

Gabriele Münter
*** 1877   † 1962**

eine deutsche Malerin

ein Mitglied des Blauen Reiters

malt in leuchtenden Farben und hat eine flächige Malweise

Gabriele Münter: Zuhören (Bildnis Jawlensky), 1909
© VG Bild-Kunst, Bonn 2005

Münter
Zeichnen von Gesichtern mit unterschiedlichem Ausdruck

Vorlage:

- ZUHÖREN (Bildnis Jawlensky) (1909) auf Folie

Medien:

- Overheadprojektor
- Porträt von Münter (s. S. 18) auf Folie
- einen dicken schwarzen Filzstift für jedes Kind
- Zeichenblatt im DIN-A4-Format für jedes Kind
- dicke Buntstifte
- kleine Spiegel
- Bild- und Wortkarten von Gesichtern (s. S. 69)

Zeitbedarf: 2 Unterrichtsstunden

Thema und Intention

Das Bild ZUHÖREN (Bildnis Jawlensky) liefert den Kindern einen weiteren Baustein aus dem Alltagsleben der Künstler des „Blauen Reiters". Die Kinder erfahren von der engen Freundschaft der Künstler untereinander und deren Gedankenaustausch. Zudem lernen die Kinder Gabriele Münter, über die bisher nur als Lebensgefährtin Kandinskys gesprochen wurde, als eigenständige Künstlerin kennen. Angeregt durch die Bildbetrachtung erfahren die Kinder nun, dass erst Form und Anordnung der Augen, der Augenbrauen und des Mundes einem Gesicht seinen individuellen Ausdruck verleihen. Augen, Brauen und Mund sind sozusagen die Bedeutungsträger eines Gesichtes.

Ziel

- Gesichtsausdrücke erkennen und vereinfacht darstellen

Mögliche Vorgehensweise

Zu Beginn der Unterrichtsstunde werden alle Wortkarten an Schülergruppen ausgeteilt. Jede Gruppe erhält nun kurz Gelegenheit, sich eine pantomimische Darstellung des Eigenschaftswortes zu überlegen. Danach wird der Begriff der ganzen Klasse vorgespielt und von den anderen Kindern erraten.
Anschließend werden alle Bild- und Wortkarten ungeordnet an die Tafel geheftet. Die Kinder ordnen die Bild- und Wortkarten einander zu. Sie begründen ihre Entscheidung mit einer Beschreibung: „Das Bild zeigt einen ärgerlichen Menschen. Das erkenne ich an den schräg nach oben gezogenen Augen und den nach unten gezogenen Mundwinkeln." Mit dieser Beschreibung werden die Kinder gezwungen, sich Einzelheiten der Zeichnungen genauer anzuschauen. Als Gedächtnisstütze können die Begriffe „Augen, Brauen, Mund" an der Tafel fixiert werden.
In Form eines „Dreierrätsels" werden die Gesichtsausdrücke nochmals abgefragt und damit das Wissen der Kinder vertieft, zum Beispiel:

1. Die Augen stehen schräg.
2. Die Brauen stehen eng beieinander.
3. Die Mundwinkel zeigen nach unten.
(Lösung: ärgerlich)

Nun wird Gabriele Münters Bild Zuhören gezeigt. Die Kinder werden aufgefordert, den abgebildeten Gesichtsausdruck zu deuten und zu beschreiben.
Eine kurze Lehrererzählung über Münters Lebensweg – bei der den Kindern auch Münters Porträt präsentiert wird – und die Entstehungsgeschichte des Bildes schließen sich an. Als Ziel der Stunde wird das Zeichnen eines ausdrucksstarken Gesichtes fixiert.
Mit Filzstift zeichnen die Kinder nun „ihr" Gesicht in Partnerarbeit groß auf ein Blatt. Spiegel helfen beim Erkennen der Form und Anordnung der „Bedeutungsträger" Augen, Brauen und Mund. Farbe geben die Buntstifte, deren Blässe die schwarz gezeichneten Konturen deutlich hervortreten lassen.

Eine abschließende Ausstellung und das Erraten der gezeichneten Eigenschaften schließen die Unterrichtseinheit ab.

Tipp

Die gleiche Unterrichtsstunde lässt sich auch im Englischunterricht zum Lernbereich „adjectives" durchführen. Dazu werden Wortkarten verwendet, die auf der einen Seite den englischen, auf der anderen den deutschen Begriff haben.

bored	thoughtful
sad	innocent
angry	lovestrucked
happy	horrified
insolent	anxious

Münter
Bildnis Marianne von Werefkin

Informationen zum Bild

Gabriele Münters Bild stellt ihre Künstlerfreundin Marianne von Werefkin dar. Diese steht seitlich zum Betrachter und blickt ihm über die rechte Schulter unverwandt ins Gesicht. Der solide, standfest wirkende Oberkörper verjüngt sich nach oben und führt den Blick des Betrachters direkt auf das vitale, energiegeladene Gesicht mit seinen lebendig strahlenden Augen. Dieses wird bekrönt von einem ausladenden, wagenradgroßen Hut, der mit nicht zu deutenden Gegenständen in schreienden Farben verziert ist. Bewegte Pinselstriche durchpulsen Person und Hintergrund und unterstreichen so Marianne von Werefkins faszinierende Persönlichkeit.

Wichtig zu wissen ist hier, dass ein Porträt nicht nur ein bloßes Abbild der äußeren Erscheinung ist, sondern immer auch innere Befindlichkeit, Charakter oder Persönlichkeit widerspiegelt. Diese Wirkung erreicht der Künstler z. B. durch bewusste Auswahl der Pose, der Farben, des Blickwinkels oder Hinzufügen realer Gegenstände, hier z. B. Mariannes Hut.

Gabriele Münter
* 1877 † 1962

eine deutsche Malerin

ein Mitglied des Blauen Reiters

malt in leuchtenden Farben und hat eine flächige Malweise

Gabriele Münter: Bildnis Marianne von Werefkin, 1909
© VG Bild-Kunst, Bonn 2005

Münter
Mein persönliches Porträt fotografieren

Vorlage:
- BILDNIS MARIANNE VON WEREFKIN (1909) auf Folie

Medien:
- Overheadprojektor
- Kamera
- Schreibpapier und Stifte

Zeitbedarf: 2 bis 3 Stunden an verschiedenen Tagen

Thema und Intention

In dieser Unterrichtseinheit lernen die Kinder ein Porträt von Gabriele Münter kennen. Auch dieses stellt eine Persönlichkeit aus dem Kreis ihrer Malerfreunde, nämlich Marianne von Werefkin, dar.
Die Kinder erfahren, dass ein Porträt neben der äußeren Erscheinung auch innere Befindlichkeit widerspiegelt.
Angeregt durch die Betrachtung des Bildes wählen die Kinder einen Gegenstand aus, von dem sie glauben, dass er ihnen entspricht. Mit diesem lassen sie sich fotografieren.

Ziele

- erkennen, dass ein Porträt neben dem bloßen Aussehen auch Aussagen über die Persönlichkeit des Abgebildeten macht
- sich anhand der Frage „Was ist mir wichtig?" Gedanken über die eigene Persönlichkeit machen
- zu sich selbst passende Gegenstände finden

Mögliche Vorgehensweise

Als Einstieg werden den Kindern kommentarlos verschiedene Gegenstände (z. B. Buch, Stift, Zeichenblock, Wanderstiefel, Taucherbrille, Stofftier) präsentiert. Die Kinder benennen die Gegenstände und machen sich Gedanken über deren Funktion (z. B. in dem Buch lese ich, mit dem Stift schreibe ich). Dann werden diese Gegenstände zunächst zur Seite gelegt und das BILDNIS MARIANNE VON WEREFKIN wird gezeigt.
Das nachfolgende Unterrichtsgespräch gliedert sich in zwei Phasen:

Inhalt:
Die Kinder äußern sich frei über das Bild. Anschließend werden relevante Informationen über Münter und Werefkin (s. S. 18 ff., 70) gegeben.

Gehalt:
Mit dem Impuls „Vielleicht kannst du noch mehr über diese Frau herausfinden. Das Bild alleine verrät dir eine ganze Menge!" wird auf das Erfassen der Person Marianne von Werefkins übergeleitet. Dabei können die Kinder z. B. folgende Vermutungen äußern:

- Augen – lebendig und wach
- lächelnder Mund – freundliche Person

- auslandender Hut – wohlhabende, elegante Frau; keine Bäuerin; hat sich zurechtgemacht, sehr auffälliger Hut, die Frau möchte zeigen, dass sie etwas Besonderes ist.

Auf den Hut sollte evtl. gesondert hingewiesen werden, da gerade dieser viel über Marianne von Werefkin aussagt.
Nun werden Informationen bzgl. der Porträtmalerei gegeben (s. S. 70).
Abschließend werden die Gegenstände, die zu Beginn präsentiert wurden, erneut gezeigt. Die Kinder stellen den Transfer zu dem eben Gelernten her und überlegen sich, was die Gegenstände über einzelne Personen aussagen können (z. B. Ein Porträt mit Buch sagt aus, dass die abgebildete Person gerne liest) und finden weitere Beispiele.

Hausaufgabe
Die Kinder überlegen sich, welcher Gegenstand ihnen besonders wichtig ist und bringen diesen am nächsten Tag mit in die Schule.

In der Folgestunde stellen die Kinder im Sitzkreis die mitgebrachten Gegenstände vor und erläutern kurz, weshalb sie sich dafür entschieden haben. In Verbindung zum Fach Deutsch/Freies Schreiben verfassen die Kinder einen kurzen Text zu der Bedeutung des mitgebrachten Gegenstandes und dessen Verbindung zu sich selbst. Währenddessen werden die Kinder mit ihren Gegenständen einzeln fotografiert. Ganz besonders viel Freude bereitet den Kindern das selbstständige Fotografieren. Die Kinder könnten sich paarweise zusammenfinden und gegenseitig fotografieren.

Später werden die Fotos zusammen mit den Texten als Wandzeitung im Klassenzimmer ausgehängt. Dies kann in Form eines Rätsels geschehen: Alle Fotos werden zunächst an die Wand gehängt. Ohne den Namen des Verfassers zu nennen, werden nun die Texte vorgelesen. Die Kinder erraten, welches Bild zu welchem Text gehört.

Macke

Kairouan I

Informationen zum Bild

Das Bild Kairouan I entsteht während der Tunisreise von Macke im Jahr 1914.
Kairouan ist eine heilige Stadt des Islams und auch heute noch Zentrum der Teppichweberei. Das Wort „Karawane" stammt von dem Namen dieser Stadt ab.
Im Hintergrund des Werkes ist die Stadtmauer von Kairouan mit Häusern, Kuppeldächern der Moscheen und dem Minarett zu sehen. Fenster und Eingänge sind nur schemenhaft erkennbar, was Mackes Prinzip der Bedeutung des Gesamteindrucks eines Bildes entspricht.
Der Vordergrund zeigt Felder einer typisch tunesischen Landschaft: hügelige, karge Felder ohne Graswuchs. Auf ihnen weiden die Lasttiere der Tunesier: Dromedare und Esel. Interpretationen sprechen davon, dass die Tiere so angeordnet sind wie Noten auf einem Notenblatt und so einen bestimmten Rhythmus festhalten. Anregungen hierzu erhielt August Macke von seinem Kollegen Paul Klee, dem Musik in Verbindung mit Kunst wichtig war.

August Macke
* 1887   † 1914

© Westfälisches Landesmuseum für Kunst und Kulturgeschichte Münster/Macke-Archiv

ein deutscher Maler

ein Mitglied des Blauen Reiters

versteht seine Bilder als „visuelle Poesie"

August Macke: Kairouan I, 1914

Macke
Stempeln einer Wüstenstadt

Vorlage:
- Kairouan I (1914) auf Folie

Medien:
- Overheadprojektor
- Porträt von Macke (s. S. 23) auf Folie
- Bilder aus Tunesien (s. S. 79 f.) auf Folie
- Brief (s. S. 76)
- tunesische Instrumentalmusik, falls vorhanden
- Haushaltsschwämme oder zerschnittene Tafelschwämme
- weißer Tapetenrest, ca. 2 bis 3 m lang
- Volltonfarbe in Weiß, Blau, Gelb- und verschiedenen Brautönen
- Schälchen für die Farben
- dicke Pinsel

Zeitbedarf: 2 Unterrichtsstunden

Vorbereitung
Der Lehrer sollte vor der Unterrichtsstunde die Tapete mit Volltonfarbe und einem dicken Pinsel bemalen, wobei ca. $^2/_3$ Himmel (hellblau) und $^1/_3$ Erde/Boden (braun) sein sollten.
Auch wäre es sinnvoll, unmittelbar vor dem Unterricht Farbe in verschiedenen Brauntönen in die Schälchen zu geben (Mischen mit Weiß und evtl. Gelb), damit die Kinder gleich mit dem Stempeln beginnen können.

Thema und Intention
Den Kindern soll in dieser Stunde bewusst werden, dass sich die tunesische Landschaft sehr deutlich von der deutschen Heimat unterscheidet. Sie sollen erkennen, dass in Tunesien hauptsächlich Brauntöne, die „Farben des Orients" vorherrschen. Diese Farbtöne sollen sie dann beim Stempeln der Wüstenstadt mischen und anwenden.

Ziele
- Fotos und Kunstwerk aufgreifen und nachgestalten
- Erfahrungen mit einfachen Druckverfahren sammeln
- Kooperation, Teamfähigkeit

Mögliche Vorgehensweise
Zu Beginn – oder in einer separaten Vorstunde – sollten die Kinder einige Informationen über den Künstler und sein Leben erhalten. Dazu sollen das Künstlerporträt und Fotos von Tunesien gezeigt werden, um den Kindern einen lebendigen Eindruck zu ermöglichen.

Vor dem praktischen Tun bietet es sich an, einen Brief, den Macke seiner Frau von Kairouan aus geschrieben hat, vorzulesen:

Liebe Elisabeth,

wir sitzen hier mitten in der afrikanischen Landschaft, zeichnen und schreiben. Paul Klee aquarelliert. Heute Morgen bin ich in der Stadt herumgelaufen und habe gearbeitet. Die afrikanische Landschaft ist noch viel schöner als die Provence. Ich hätte mir das nie vorgestellt. 200 Schritte von uns entfernt ist ein Beduinenlager mit schwarzen Zelten. Esel und Dromedare laufen um uns herum.

Dein August[5]

---
[5] nach: Wenzel, Angela. August Macke. Reise in ein fernes Land. München 1998, S. 10

Die Kinder kommen sicherlich sofort auf die Idee, wer diesen Brief geschrieben hat und wiederholen, was sie bereits über den Künstler wissen. Dabei können sie auch erste Ideen, wie die Landschaft um Macke wohl ausgesehen haben mag, nennen.

Die Kinder schließen nun die Augen. Währenddessen wird das Klassenzimmer verdunkelt und das Bild KAIROUAN I auf dem Overheadprojektor, begleitet von orientalischer Instrumentalmusik, präsentiert. Die Kinder betrachten das Bild nun in Ruhe und lassen es auf sich wirken. Nach ein bis zwei Minuten wird die Musik ausgeschaltet und die Kinder können sich frei zum Bild äußern. Gemeinsam wird nun besprochen, was auf dem Bild zu sehen ist. Wichtig ist hierbei, dass die Unterschiede zwischen deutscher und tunesischer Landschaft sowie die Art des Hausbaus herausgearbeitet werden:

tunesische Landschaft auf die Tapete stempeln. Mit einem Pinsel lassen sich Fenster, Türen oder Treppenstufen auf die gestempelten Häuser malen.

Tunesien	Deutschland
eher braun, wüstenähnlich	Farbgebung stark jahreszeitenabhängig
viel Sonnenschein	Regen und Sonne
wenige Bäume, viele Sträucher, hier und da Grasbüschel	Wälder, Felder, Wiesen
Dromedare, Kamele, Esel	Kühe, Pferde
einfache, weiß gekalkte Häuser mit Flachdach	unterschiedliche Häuser, viele auch mit Spitzdächern

Besonderer Wert sollte auf die Erarbeitung der „Farben des Orients", also die unterschiedlichen Abstufungen der Gelb- und Brauntöne gelegt werden. In Partnerarbeit können die Kinder überlegen, welche Farbtöne auf dem Bild zu entdecken sind und geben diesen Namen, wie z. B. Ocker, Gelbbraun, Dunkelbraun, Erdbraun usw.

Nachdem das Werk betrachtet wurde, wird im Klassenzimmer die vorbereitete Tapete ausgerollt.

Die Kinder sollen versuchen, in Gemeinschaftsarbeit die Stadtmauer von Kairouan mit ihren Häusern nachzugestalten. Hierzu erhalten sie Haushaltsschwämme oder in Stücke geschnittene Tafelschwämme sowie Volltonfarben in Weiß und verschiedenen Brauntönen. Gemeinsam dürfen sie nun die Mauer sowie verschiedene Häuser, Moscheen und Minaretts und die

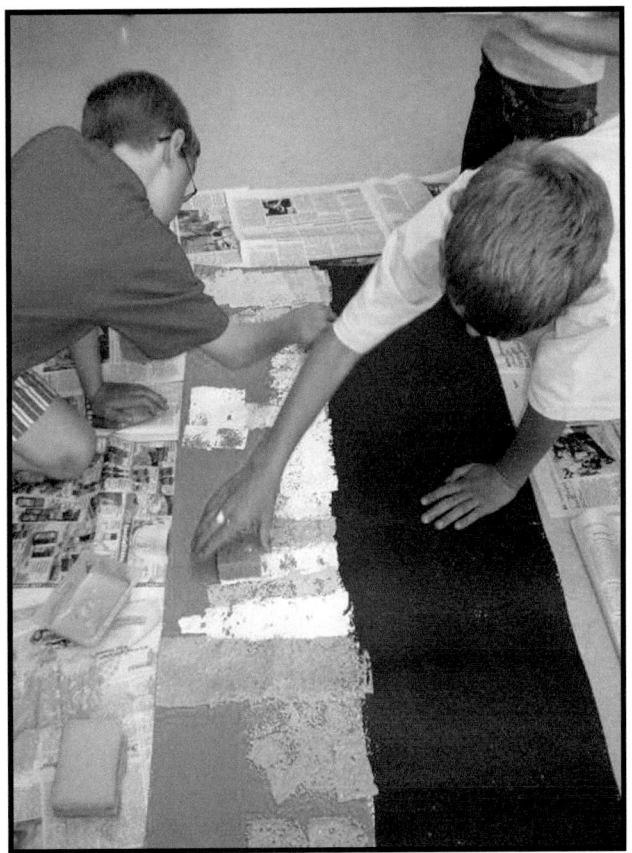

Im Anschluss an diese Arbeit versammeln sich die Kinder um ihre Wüstenlandschaft. Sie begründen nun, welche Häuser gut in die nordafrikanische Landschaft passen, welche weniger. Auch ein abschließender Vergleich mit August Mackes Werk KAIROUAN I ist möglich.

Tipp

Kinder, die noch wenig Erfahrung im Stempeln oder im Umgang mit Schwämmchen haben, können zuvor an der Tafel mit feuchten Schwämmen das An- und Aufdrücken üben.

Musiktipp

Anouar Brahem Trio: Astrakan Café, EMC Records, München (EMC 1718)
Die CD enthält authentische, aber moderne Musik im Stil des ruhigen akustischen Jazz. Einige Stücke eignen sich hervorragend zur Untermalung der Bildbetrachtung.

Bilder aus Tunesien

Bilder aus Tunesien

Macke

Bilddiktat

Vorlage:

- KAIROUAN I (1914) auf Folie

Medien:

- Overheadprojektor
- Porträt von Macke (s. S. 23) auf Folie
- Bilder aus Tunesien (s. S. 79 ff.) auf Folie
- tunesische Instrumentalmusik, falls vorhanden
- Farbkarten in Brauntönen für die Tafel
- DIN-A3- oder DIN-A4-Zeichenpapier für jedes Kind
- Wasserfarben und Pinsel für jedes Kind; alternativ Buntstifte oder Wachsmalkreiden für jüngere Kinder
- Bilddiktat (s. S. 82)
- ggf. Bleistift

Zeitbedarf: 1 bis 2 Unterrichtsstunden

Hinweis

Für diese Stunde ist es notwendig, dass die Kinder schon einige Informationen über August Macke, sein Leben und die Tunisreise erhalten haben (s. S. 23 ff.). Ihnen sollte bewusst sein, dass in Tunesien die Brauntöne in der Landschaft überwiegen, dass die Häuser eher weiß getüncht und einstöckig sind. Sie müssen wissen, was eine Moschee und ein Minarett ist. Zu dieser Vorarbeit bietet es sich an, Bilder von Tunesien zu zeigen und mit den Kindern auffällige Unterschiede zu Deutschland zu besprechen. Farbkarten in verschiedenen Brauntönen können – an die Tafel geheftet – als Stütze dienen.

Das Bild KAIROUAN I sollte den Kindern zu Beginn der Stunde noch nicht bekannt sein.

Die Kinder werden beim Malen mit Wasserfarben dazu angehalten, viel Farbe und nur wenig Wasser zu verwenden, damit das Bild schneller trocknet, da mehrmals übereinandergemalt werden muss. Auch sollten die Kinder dazu ermuntert werden, unterschiedliche Brauntöne zu mischen.

Thema und Intention

Die Kinder sollen ein Bild nach Diktat malen. Genaues Zuhören ist hier ein Muss. Das Original des Künstlers ist ihnen dabei noch nicht bekannt. Erst im Anschluss werden die Schülerarbeiten mit August Mackes KAIROUAN I verglichen. Hier zeigt sich, dass trotz Bilddiktat unterschiedliche Werke entstehen, da die Vorstellung eines Menschen subjektiv ist. Vorerfahrungen (Urlaub in Tunesien u. a.) können ebenfalls zu den unterschiedlichen Ergebnissen beitragen.

Malen ist eine der häufigsten künstlerisch-ästhetischen Aktivitäten von Kindern und spricht diese ganz besonders an. Mittels breitem Pinsel können die Kinder schnell ein Blatt füllen, sodass auch großformatiges Arbeiten, das Kindern sehr entgegenkommt, nicht zur unüberwindbaren Fleißarbeit wird.

Kinder, die weniger Erfahrung im Malen haben und sich scheuen, direkt mit Farbe das endgültige Bild auf das Papier zu bringen, können während des Bilddiktats ihr Bild erst einmal mit Bleistift skizzieren und anschließend farbig ausgestalten.

Ziele

- Bild nach Diktat erstellen
- genaues Zuhören
- bewusst Farben mischen

Mögliche Vorgehensweise

Zu Beginn der Stunde erhalten die Kinder Zeichenpapier. Außerdem legen sie sich Wasserfarben und Pinsel bereit.

Bevor die Kinder anfangen zu malen, sollte das Bilddiktat zunächst vorgelesen werden, damit sich die Kinder schon einmal eine erste Vorstellung von dem Bild und seinem Aufbau machen können.

Anschließend wird das Diktat noch einige weitere Male langsam vorgelesen, parallel dazu malen die Kinder. Es bietet sich an, im Hintergrund leise tunesische Instrumentalmusik laufen zu lassen.

Im Anschluss an das Diktat ist es wichtig, dass die Kinder ihre Werke im Stuhlkreis zeigen, man die Bilder miteinander vergleicht, Gemeinsamkeiten und Unterschiede feststellt und sich dann das Original von August Macke anschaut.

Bilddiktat

Im Vordergrund des Bildes sieht man eine tunesische Landschaft. Sie ist leicht hügelig. Die Erde ist braun, ab und zu stehen ein paar Grasbüschel aus der Erde heraus. Im Hintergrund ist die Stadtmauer von Kairouan, einer Stadt in Tunesien. Man kann deutlich die niedrigen weißen Häuser mit flachen Dächern erkennen. Die Häuser haben nur kleine Fenster und sehen aus wie Klötze. Ganz rechts auf der Seite erkennt man ein Minarett, das über die Häuser herausragt. Eine Moschee mit einem Kuppeldach befindet sich links neben dem Minarett. Vor der Stadtmauer grasen zwei Esel. Auch acht Dromedare sind zu sehen. Sie laufen hintereinander von rechts nach links.

Je nach Erfahrung und Alter der Kinder kann dieses Bilddiktat noch verlängert oder es können kleine Tipps hinzugefügt werden.

Macke

Markt in Tunis I

Informationen zum Bild

Das Bild MARKT IN TUNIS I entsteht – wie auch KAIROUAN I – während Mackes Reise nach Tunesien im Jahre 1914.
Die auch hier benutzten Aquarellfarben sind fein, fast durchsichtig und können klar und leuchtend aufgetragen werden. Diese Farben trocknen außerdem schnell, weshalb sie gerade für die Reise praktisch sind.
Auf dem Bild erkennt man das rege Treiben eines tunesischen Marktes. Die Leute im Vordergrund sind in farbenfrohe Gewänder gekleidet und tragen – wie die Einheimischen auch heute noch – Turbane oder Fes (eine Art Mütze aus roter Wolle gestrickt) auf dem Kopf. Auch hier sind die Gesichter der Menschen nicht detailliert dargestellt, da die Betonung – wie bei Macke typisch – auf dem Gesamteindruck liegt. Im Hintergrund sind die quaderförmigen, hell getünchten Häuser von Tunis sowie das Kuppeldach einer Moschee zu sehen. Die einfarbigen Gebäude stehen in einem Kontrast zu den bunt gekleideten, dunkelhäutigen Einwohnern der Stadt. Die Abstimmung der Größenverhältnisse und die Tiefenwirkung im Bild erreicht Macke, indem er das Bild vor dem Malen mit Bleistift skizziert.

August Macke
* 1887   † 1914

© Westfälisches Landesmuseum für Kunst und Kulturgeschichte Münster/Macke-Archiv

ein deutscher Maler

ein Mitglied des Blauen Reiters

versteht seine Bilder als „visuelle Poesie"

August Macke: Markt in Tunis I, 1914

Macke
Bildausschnitt weitermalen

Vorlage:

- Markt in Tunis I (1914) auf Folie

Medien:

- Overheadprojektor
- Porträt von Macke (s. S. 23) auf Folie
- Bilder aus Tunesien (s. S. 79 ff.) auf Folie
- tunesische Instrumentalmusik, falls vorhanden
- Farb- oder Schwarzweißkopie des Bildausschnittes für jedes Kind (s. S. 88)
- Klebstoff
- Maske für Originalbild (s. S. 87) oder eine vom Lehrer selbst erstellte
- DIN-A3-Tonpapier für jedes Kind
- Wasserfarben und Pinsel (Borsten- und Haarpinsel in verschiedenen Größen); alternativ: Wachsmalkreiden für jüngere Kinder

Zeitbedarf: 2 Unterrichtsstunden

Thema und Intention

Die Kinder sollen ausgehend von einem Bildausschnitt des Werkes Markt in Tunis I überlegen, wie das Werk ausgesehen haben könnte und dieses entsprechend ihrer Vollstellung ergänzen. Dabei ist der Ausschnitt einerseits so gewählt, dass ausreichend Spielraum für eigene Ideen gewährt wird, andererseits gibt der Bildausschnitt genügend Anhaltspunkte, um einen tunesischen Markt darzustellen.
Das Malen mit Wasserfarben eignet sich bei dieser Unterrichtsidee besonders, da sie der Technik des Originalbildes – Aquarellmalerei – nahekommt, vor allem, wenn die Kinder darauf hingewiesen werden, mit viel Wasser zu arbeiten. Der Bildträger Karton macht dieses möglich, da er sich nicht so schnell wie Zeichenpapier wellt.

Ziele

- assoziieren, fantasieren
- Flächen variantenreich ausfüllen
- Ausschnitt in ein Gesamtkonzept einbinden
- Wissen über Tunesien in Bilder einbringen

Mögliche Vorgehensweise

Nachdem die Kinder einige Informationen über August Macke, sein Leben und Tunesien erhalten haben, wird ihnen der Ausschnitt von Mackes Bild präsentiert. Dazu kann die Folie mit dem Original unter die Maske gelegt werden.
Die Kinder beschreiben nun, was sie auf dem Bildausschnitt sehen bzw. zu erkennen glauben. Außerdem können sie auch schon hier mit dem Fantasieren beginnen, was um diese ausgewählte Szene zu sehen sein könnte. Die Ideen können an der Tafel festgehalten werden.
Anschließend erhält jedes Kind eine (Farb-)Kopie des besprochenen Ausschnittes. Diesen

kleben sie auf ihr Zeichenpapier. Dabei ist es ihnen selbst überlassen, an welcher Stelle des Blattes sie den Ausschnitt befestigen.

Die bildnerische Aufgabe besteht nun darin, die soeben besprochene Marktszene zu malen. Die fertigen Bilder werden im Sitzkreis gesammelt. Die Kinder äußern sich zu den einzelnen Werken: Welche Ideen wurden gefunden? Wie wurden sie realisiert?

Nun wird ihnen das ganze Werk MARKT IN TUNIS I gezeigt, das sie in Ruhe betrachten. Diese Phase kann mit (tunesischer) Instrumentalmusik begleitet werden. Anschließend dürfen die Kinder ihre Meinung dazu äußern. Gemeinsam kann versucht werden, das Bild „mit allen Sinnen" wahrzunehmen. Wie könnte es auf dem Markt riechen? Was kann man dort alles hören?

Tipp

Viele Kinder lieben szenische Darstellungen. Diese bieten sich hier sehr gut an: In bunte Gewänder gehüllt dürfen die Kinder Marktfrauen und Händler, die ihre Waren feilbieten, nachspielen. Selbstverständlich gehört auch das rege Handeln und Feilschen um den Preis dazu.

✂ Das weiße Feld bitte ausschneiden.

August Macke: Markt in Tunis I (Ausschnitt)

August Macke: Markt in Tunis I (Ausschnitt)

Klee

Der Goldfisch

Informationen zum Bild

Der goldene Fisch sticht vor dem blau-schwarzen Hintergrund heraus. Das Wasser scheint undurchdringlich tief und ist doch da durchsichtig, wo es vom Licht durchbrochen wird. Mächtig, groß und fast bedrohlich steht der Goldfisch in der Bildmitte. Aus seinen glänzenden Schuppen blitzen feine rote Stacheln hervor. Sein riesiges, gefährlich wirkendes Auge scheint um ihn herum alles wahrzunehmen. Kleine, rötlich-violette Fische streben von ihm weg, hin zu den Rändern des Bildes. Dabei durchschwimmen sie zarte, blauflammende Wasserpflanzen.

Das Bild erinnert an eine Szene aus Tausendundeiner Nacht. Zartheit auf der einen und Farbenglut auf der anderen Seite vereinen sich. Ebenso lässt sich das gemalte Märchen auf unsere reale Welt übertragen: die Spannung zwischen der Erfahrung des Bösen und der Utopie des Guten.

Paul Klee
*** 1879   † 1940**

Fotograf: Hugo Erfurth, Dessau 1927
© Archiv Bürgi, Bern

ein schweizerischer Maler und Grafiker

steht dem Blauen Reiter nahe

malt zeichenhaft-skurrile Bilder von poetischer Wirkung

Paul Klee: Der Goldfisch, 1925, 86 (R6) · 49,6 × 69,2 cm · Öl- und Wasserfarbe auf Papier auf Karton · Hamburger Kunsthalle
© VG Bild-Kunst, Bonn 2005

Klee
Meine Unterwasserlandschaft

Vorlage:
- DER GOLDFISCH (1925) auf Folie

Medien:
- Overheadprojektor
- Porträt von Klee (s. S. 27) auf Folie
- Bilder einer Unterwasserwelt (s. S. 93) auf Folie
- Schaumstoffwalzen mit unterschiedlichen Strukturen
- Volltonfarben in Weiß und Blau
- flache Schälchen
- Zeitungspapier zum Abdecken der Tische
- dicke, wasserfeste Marker in unterschiedlichen Farben
- DIN-A3-Zeichenkarton
- Föhn

Zeitbedarf: 2 Unterrichtsstunden

Vorbereitung:
Vor dem Unterricht sollte die Volltonfarbe in flache Schälchen gegeben werden. Dabei ist es ratsam, die Farben Blau und Weiß so zu mischen, dass ein Mittelblau entsteht. Ist die Farbe zu dunkel, können die Kinder anschließend nicht mehr so gut darauf malen. Die Schälchen sollten dabei so groß sein, dass die Schaumstoffwalze gut eingetaucht werden kann.

Thema und Intention
Die Unterwasserwelt ermöglicht Kindern Einblicke in einen faszinierenden Lebensraum mit vielen unterschiedlichen Tieren und Pflanzen. Diese Lebewesen und ihre Welt erweitern das Form- und Farbrepertoire der Kinder in besonderer Weise.

Außerdem bietet die Unterwasserwelt einen weiten Raum, in den die Kinder ihre Erfahrungen und ihre Ideen einbringen können.

Angeregt durch das Bild Klees haben die Kinder die Möglichkeit, selbst eine Unterwasserwelt zu gestalten. Dabei erproben sie unterschiedliche Farbauftragswerkzeuge wie Walzen mit unterschiedlichen Strukturen und Stifte.

Ziele
- fantasieren, fabulieren
- Vorerfahrungen in ihre Gestaltung mit einbringen
- Erfahrungen mit unterschiedlichen Farbauftragswerkzeugen machen

Mögliche Vorgehensweise
Zu Beginn oder in einer Vorstunde werden die Kinder über Paul Klee, sein Leben und Werk informiert.

Anschließend wird das Bild DER GOLDFISCH betrachtet. Die Kinder beschreiben sowohl den Inhalt als auch den Gehalt.

Inhalt: Ein großer goldener Fisch schwimmt in der Mitte des Bildes. Um ihn herum sind vereinzelt kleine rote Fische, die von diesem wegzuschwimmen scheinen. Insgesamt ist die Unterwasserlandschaft sehr dunkel. Das Wasser könnte also tief sein. Hin und wieder scheint aber Licht durch das Wasser, was man an den hellen Streifen und Schattierungen erkennt. Auch verschiedene Wasserpflanzen sind zu erkennen.

Gehalt: Die kleinen Fische scheinen vor dem Goldfisch zu fliehen. Vielleicht haben sie Angst vor ihm? Vielleicht hat er ihnen etwas getan? Nun ist der große Fisch ganz alleine. Niemand leistet ihm Gesellschaft. Niemand möchte mit ihm zusammen sein.

In einem gemeinsamen Unterrichtsgespräch wird das Verhalten der Fische auf das Verhalten von Menschen übertragen: *Ist dir auch schon einmal so etwas passiert wie den kleinen roten Fischen? Oder warst du sogar schon einmal in der Lage wie der Goldfisch?*

Anschließend vergleichen die Kinder das Bild Klees mit einer realen Unterwasserlandschaft. Hier können die Kinder ihr Vorwissen mit einbringen: *Was findet man im Meer? Wie sieht der Boden aus? Welche Pflanzen wachsen dort? Welche Tiere – außer den Fischen – gibt es dort noch?* Die Antworten und Ideen der Kinder können an der Tafel notiert werden.

Im weiteren Verlauf werden den Kindern das Thema „Meine Unterwasserlandschaft" und der Arbeitsauftrag mitgeteilt.

Die Kinder dürfen zunächst den Hintergrund ihres Bildes gestalten. Dazu walzen sie auf den Zeichenkarton mit Schaumstoffwalzen die blaue Farbe auf. Wichtig ist hierbei, dass sie nicht zu viel Farbe verwenden, sodass die Struktur der Walze sichtbar bleibt. Damit die Farbe schneller trocknet, kann das Bild geföhnt werden. Am besten helfen sich die Kinder hierbei gegenseitig.

Anschließend erhalten sie Marker in verschiedenen Farben. Mit diesen dürfen sie nun ihre Unterwasserwelt mit Pflanzen im Quer- oder Hochformat gestalten. Dabei sollen die Kinder darauf achten, die Tiere und Pflanzen ausgewogen auf dem Bild zu verteilen.

Unterwasserwelten

Klee
Das Aquarium im Einmachglas

Vorlage:

- Der Goldfisch (1925) auf Folie

Medien:

- Overheadprojektor
- Porträt von Klee (s. S. 27) auf Folie
- Einmachgläser oder andere große Gläser mit Deckel
- Sand/Vogelsand
- Muscheln, Trockenblumen
- buntes Tonpapier
- Schere
- weißes Garn oder Nylonschnur
- Klebeband

Zeitbedarf: 1 bis 2 Unterrichtsstunden

Thema und Intention

Nachdem die Kinder das Werk von Paul Klee kennen gelernt haben, sollen sie ihr eigenes kleines Trockenaquarium herstellen. Dabei sollen sie darauf achten, dass alle Fische zusammengehören, wie in einer Gemeinschaft, und kein Fisch ausgegrenzt wird. Bei der Gestaltung der Fische und des Bodens dürfen sie ihrer Fantasie freien Lauf lassen.

Das vorgegebene Thema „Aquarium" entstammt der kindlichen Welt: Die einen haben selbst ein Aquarium zu Hause oder im näheren Umfeld, die anderen kennen dieses aus dem Zoo. Deshalb haben die Kinder auch schon eigene konkrete Vorstellungen, die bei der Umsetzung eine Rolle spielen. Klees Bild motiviert zusätzlich zur selbsttätigen Weiterführung, zum Entwickeln eigener Kompositionen und zum Erfinden eigener Geschichten.

Ziele

- einen Raum gestalten
- Vorstellungen und Formideen entwickeln
- beziehungsreiche Ordnung herstellen

Mögliche Vorgehensweise

Die Kinder werden über Paul Klee informiert. Dazu wird ihnen sein Porträt gezeigt. Anschließend wird das Gemälde Der Goldfisch gemeinsam betrachtet (s. S. 90) und über den Lebensraum des Tieres gesprochen. Die Kinder bringen ihr Vorwissen mit ein und beschreiben, wie ein Aquarium aussehen kann, welche Tiere dort wohnen, was diese zu fressen bekommen usw. Die Antworten und Ideen der Kinder können an der Tafel stichpunktartig notiert und gegebenenfalls auch skizziert werden.
Anschließend wird den Kindern das Thema „Das Aquarium im Einmachglas" mitgeteilt.

Dazu wird ihnen kommentarlos ein Einmachglas präsentiert. Auf dem Boden des Glases befinden sich Sand und ein paar Muscheln. Die Kinder finden selbst den Arbeitsauftrag: Bewohner für das Aquarium herstellen.

Jedes Kind darf nun sein eigenes Aquarium gestalten. Aus buntem Tonpapier werden kleine Fische in verschiedenen Formen ausgeschnitten. Mit Hilfe von Klebeband und Garn bzw. Nylonschnur werden sie am Deckel des Glases befestigt, sodass es später aussieht, als würden die Fische im Wasser schwimmen.

Zum Schluss der Stunde werden alle Aquarien auf dem Pult oder einem Regal gesammelt. Die Kinder können sich nun die Arbeiten ihrer Mitschüler ansehen.

Dieses Aquarium eignet sich gut als Geschenk!

Klee

Rosengarten

Informationen zum Bild

Das Bild ROSENGARTEN entsteht 1920 als eines in einer Reihe von Werken, in denen Paul Klee sowohl gewachsene, „natürliche" als auch gebaute, künstliche Strukturen zu einem rhythmischen Bildganzen vereinigt. Bereits der Titel enthält einen Hinweis auf beide, scheinbar so gegensätzliche Prinzipien: Ein Garten enthält sowohl organisch gewachsene Elemente als auch künstlich gestaltete Ordnung.
Unregelmäßige, schmale Rechtecke, die zum Zentrum des Bildes zurückweichen, bilden die horizontalen Zeilen des Gartens. Selbst die eingestreuten, vertikal aufstrebenden Gebäude werden durch schmale waagerechte Flächen unterteilt. Rot ist die vorherrschende Farbe des Bildes. In vielen Schattierungen überzieht sie die gesamte Fläche in lebhaftem Rhythmus. An Lollis erinnernd ragen die spiralförmig gerollten Blütenköpfe der Rosen – für Klee ein Symbol des Wachsens – gleichmäßig verteilt aus den Zeilen heraus.

Fotograf: Hugo Erfurth, Dessau 1927
© Archiv Bürgi, Bern

Paul Klee
*** 1879   † 1940**

ein schweizerischer Maler und Grafiker

steht dem Blauen Reiter nahe

malt zeichenhaft-skurrile Bilder von poetischer Wirkung

Paul Klee: Rosengarten, 1920, 44
49 × 42,5 cm
Ölfarbe und Feder auf Papier auf Karton
Städtische Galerie im Lenbachhaus, München
© VG Bild-Kunst, Bonn 2005

Klee Rosenplastiken für einen Rosengarten

Vorlage:

- ROSENGARTEN (1920) auf Folie

Medien:

- Overheadprojektor
- rotes Krepppapier, quer zur „Maserung" in 7 cm breite Streifen geschnitten, Länge: 30 bis 40 cm
- Blätter von Büschen oder Bäumen
- grüner Bast, grüne Wolle usw. in großen Mengen
- für jedes Kind ein ca. 30 cm langer Rundholzstab (Ø 1 cm)
- Schere
- Klebeband
- Fotoapparat

Zeitbedarf: ca. 2–3 Unterrichtsstunden

Thema und Intention

Die Kinder begegnen einem neuen Kunstwerk Paul Klees, das aus einer späteren Phase stammt. Sie lernen das Bemühen Klees kennen, in dieser Phase künstliche und natürliche Elemente harmonisch zu einem Bildganzen zu vereinen.
Bei diesem Vorhaben stellen die Kinder Rosen her und arrangieren diese zu einem Rosengarten, analog zur zweidimensionalen Vorlage ROSENGARTEN von Paul Klee. Dabei wird insbesondere die Motorik geschult, da hauptsächlich die Techniken Wickeln, Binden und Verknoten eingesetzt werden. Der Herstellungsprozess selbst und auch das Ergebnis regen zu Aktivität und Austausch an: Neben dem Erproben von Verbindungstechniken steht das Probieren von möglichen Arrangements im Vordergrund.

Ziele

- Feinmotorik schulen
- Verbindungstechniken finden und erproben
- Raum strukturieren
- Bereitschaft dazu entwickeln, die eigene Arbeit der Gruppe zur Verfügung zu stellen

Mögliche Vorgehensweise

Zu Beginn der Unterrichtseinheit betrachten die Kinder das Bild ROSENGARTEN von Paul Klee und äußern sich zunächst frei dazu. Angeleitet nennen die Kinder den Maler, erkennen die horizontale Bildaufteilung, die vorherrschende Farbe Rot und finden eigene Bildtitel.
Anschließend werden der Originaltitel und das Entstehungsjahr mitgeteilt. Mit den Kindern wird außerdem Klees Bestreben, im Bild künstliche und natürliche Elemente zu vereinen,

erarbeitet. Die Kinder nennen als Beispiele Mauern, Beete oder Häuser (künstlich) sowie die Rosen (natürlich). Eine kurze Fixierung an der Tafel ist dabei hilfreich.

Anschließend soll das Bild dreidimensional nachgestaltet werden. Die Kinder können dazu folgendermaßen vorgehen:

1. Um die Hand wird ein roter Krepppapierstreifen zu einer Rosenblüte zusammengerollt.

Diese Rosenblüte wird mit dem grünen Bast fest am Holzstäbchen festgebunden oder mit Klebeband fixiert.

2. Der gesamte Holzstab wird fest mit dem Bast umwickelt. Etwa in der Mitte des Stabes werden die Blätter ebenfalls an den Stab gewickelt. Das Ende des Bastes wird fest verknotet.

3. Anschließend werden die Rosen auf einem abschüssigen Platz im Freien in den Boden gesteckt und so ein „Rosengarten" gestaltet.

4. Die Gemeinschaftsarbeit wird fotografiert.

Klee Die Zwitscher-Maschine

Informationen zum Bild

Im Vordergrund des künstlerischen Schaffens von Paul Klee steht das spielerische Ordnen von Farben, Formen und Linien. Häufig arbeitet er auch mit grafischen Linienkonstruktionen. Er verbindet zarte Farbflächen und zeichnerische Elemente zu einem ausgewogenen Bildganzen, das häufig eine traumhaft-assoziative Qualität erreicht. Ein bekanntes Beispiel ist seine „Zwitscher-Maschine". Angeblich wurde er zu diesem Bild durch die Betrachtung einer „Musikbox mit Vogelgesang" aus dem 19. Jahrhundert angeregt, deren zarte Szene Vögel, Schmetterlinge und einen Wasserfall enthält. Sie ist eine der größten ihrer Art und noch immer im Deutschen Museum, München zu sehen.

Klees Bild zeigt auf zart aquarelliertem, lilafarbenem Grund drahtige Gebilde aus gewundenen und geraden Linien und Formen. Die nach oben strebenden Figuren erinnern an Vögel mit langen Beinen, die auf einem Drahtseil tanzen. Sie schweben über einem kastenförmigen Gebilde und scheinen seitlich von einer Kurbel angetrieben zu werden. Ihre schnabelförmigen Köpfe öffnen sich, sichtbare Töne entweichen ihnen. In diesem Bild kontrastieren die grafischen Elemente Zeichen und Linie mit der zarten, durchscheinenden Fläche des Hintergrundes. Die damit erzielte Wirkung übertrifft die nur sparsam eingesetzten malerischen und grafischen Mittel um ein Vielfaches.

Paul Klee
* 1879   † 1940

Fotograf: Hugo Erfurth, Dessau 1927
© Archiv Bürgi, Bern

ein schweizerischer Maler und Grafiker

steht dem Blauen Reiter nahe

malt zeichenhaft-skurrile Bilder von poetischer Wirkung

Paul Klee: Die Zwitscher-Maschine, 1922, 151
41,3 × 30,5 cm
Ölpause und Aquarell auf Papier, mit Aquarell und Feder eingefasst, auf Karton
The Museum of Modern Art, New York
© VG Bild-Kunst, Bonn 2005

Klee
Zwitscher-Maschinen aus Draht

Vorlage:

- DIE ZWITSCHER-MASCHINE (1922) auf Folie

Medien:

- Overheadprojektor
- „Die Dreh-Hops-Wipp-Tute-Maschine" von Ursula Wölfel (s. S. 104)
- Drahtkleiderbügel aus der Reinigung, pro Schülergruppe mindestens 6 Stück
- Draht, Schnüre, Klebeband zum Befestigen
- alle möglichen natürlichen und künstlichen Restmaterialien: Schraubverschlussdeckel, Kronkorken, Knöpfe, Schachteln, Klopapierrollen, Eicheln, Kastanien, Obstnetze, Strohhalme usw.
- Klappkarten und Stifte

Vorbereitung:

Der Lehrer sollte den Eltern rechtzeitig einen Brief schreiben, in dem er sein Vorhaben erklärt und die Eltern bittet, in den nächsten Wochen Restmaterial für den Kunstunterricht zu sammeln.
Das Material wird vor der Stunde in Plastiktüten o. Ä. verteilt. Auf diese Weise lässt sich später das Austeilen des Materials schneller und störungsfrei durchführen.

Zeitbedarf: etwa 2 Unterrichtsstunden

Thema und Intention

In dieser Unterrichtseinheit sollen sich die Kinder zuerst mit dem Thema „Maschine" auseinander setzen und – angeregt durch die vielen unterschiedlichen Materialien – zu einer eigenen gestalterischen Lösung finden. Neben den handwerklich-technischen Fertigkeiten werden bei dieser Unterrichtsidee auch Fantasie und Vorstellungsvermögen gefördert.

Die Offenheit der Thematik, die Vielfältigkeit und Mehrdeutigkeit der Materialien ermöglichen dabei ganz individuelle Lösungen. Neben dem Kennenlernen und Einüben von Verbindungstechniken stehen das Ausprobieren, das Finden und Verwerfen von Möglichkeiten im Vordergrund.

Erst am Ende der Stunde sehen die Kinder Klees Werk. Ein Vergleich der zweidimensionalen Arbeit Klees mit den eigenen Arbeiten wird angeregt.

Ziele

- fabulieren, assoziieren
- sammeln, sortieren
- probieren, experimentieren, zusammenfügen
- Feinmotorik schulen
- Teamarbeit, Kooperation

Mögliche Vorgehensweise

Zunächst wird die Geschichte „Die Dreh-Hops-Wipp-Tute-Maschine" von U. Wölfel vorgelesen. Die Kinder äußern sich frei dazu. Anschließend wird den Kindern eine Tüte mit Restmaterialien gezeigt, das Vorhaben wird erklärt.

Je nach Menge des vorhandenen Materials werden die Kinder in Paare oder kleine Gruppen aufgeteilt. Ohne weitere Erläuterungen gehen die Kinder nun ans Werk und schaffen ihre Fantasie-Maschine. Besonders wichtig ist das Finden eines Namens für die Maschine, der auf einer Klappkarte groß und deutlich notiert wird, die dann neben dem präsentierten Objekt aufgestellt wird.

Die vollendeten Maschinen werden ausgestellt und – je nach Zeit – deren Funktionsweise den Mitschülern erklärt. Wer mag, kann auch eine Bedienungsanleitung schreiben.

Nun wird den Kindern das Bild DIE ZWITSCHER-MASCHINE von Paul Klee gezeigt. Die Kinder werden aufgefordert zu erraten, welche Maschine Klee dargestellt haben könnte. Eine genaue Beschreibung der Bauteile und deren mögliche Funktionsweise wird angeregt, das Bild dadurch genauer betrachtet.

Die Dreh-Hops-Wipp-Tute-Maschine
Ursula Wölfel

Einmal haben die Leute den Keller aufgeräumt und sie haben lauter Sachen in den Hof gestellt: eine alte Matratze und ein krummes Fahrrad und ein langes Brett und ein rostiges Ofenrohr und noch viele solche alten Sachen. Da war gar kein Platz mehr im Hof, die Kinder konnten nicht mehr spielen. Zuerst haben sie sich geärgert. Aber dann haben sie gesagt: „Wir wollen uns aus den Sachen etwas bauen. Wir bauen uns eine verrückte Maschine!"
Sie haben die Matratze auf die Erde gelegt und dann sind sie darauf herumgehopst. Jetzt hatten sie eine Hops-Maschine!
Dann haben die Kinder das Fahrrad umgedreht. Sie haben es neben die Matratze gestellt und sie sind gehopst und haben an den Rädern vom Fahrrad gedreht. Jetzt hatten sie eine Dreh-Hops-Maschine!
Dann haben sie das Brett über die Matratze gelegt. Mit dem Brett konnten sie wippen. Jetzt hatten sie eine Dreh-Hops-Wipp-Maschine!
Dann haben sie das Ofenrohr geholt. Sie haben laut durch das Ofenrohr getutet und jetzt hatten sie eine Dreh-Hops-Wipp-Tute-Maschine!
Alle Leute haben aus den Fenstern geguckt und gelacht.

aus: Wölfel, Ursula: Das Lachkind, © 1990 by Thienemann Verlag (Thienemann Verlag GmbH), Stuttgart, Wien

Klee – Zeichnen einer Maschine

Vorlage:

- DIE ZWITSCHER-MASCHINE (1920) auf Folie

Medien:

- Overheadprojektor
- Folienstift, eine Folie
- ein Bogen pastellfarbenes Papier pro Schülerpaar, je nach Alter der Kinder im DIN-A4- oder DIN-A3-Format (kann von den Kindern mittels Schwämmchentechnik selber hergestellt werden)
- ein guter, schwarzer Filzstift oder eine schwarze Wachsmalkreide pro Schülerpaar
- „Der Faden" von Josef Guggenmos (s. S. 106)

Zeitbedarf: etwa 1 Unterrichtsstunde

Thema und Intention

Für Paul Klee steht der spielerische Umgang mit Formen, Farben und Linien im Vordergrund seines Schaffens. Häufig arbeitet Klee mit grafisch-zeichnerischen Linienkonstruktionen, die er zu einem ausgewogenen Bildganzen arrangiert. Ein Beispiel dafür ist das vorliegende Bild DIE ZWITSCHER-MASCHINE.

Die Möglichkeit, ein Bild zu gestalten, indem Linien aneinandergereiht werden, sich überkreuzen, neue Flächen bilden und somit ein Bildganzes entstehen lassen, wird den Kindern in dieser Unterrichtseinheit vorgestellt.

Besondere Spannung wird erzeugt, da die Kinder in Partnerarbeit ein Bild erstellen. Das Ziel der Stunde ist nicht das produzierte Ergebnis (= Bild), sondern das Erleben, Genießen und Erfühlen des Gestaltungsprozesses.

Ziele

- Teamfähigkeit, Kooperation
- nonverbal kommunizieren

Mögliche Vorgehensweise

Den Kindern wird das Bild DIE ZWITSCHER-MASCHINE präsentiert. Nachdem sich die Kinder frei zu dem Bild geäußert haben, wird ihr Augenmerk auf die Linien des Bildes gelenkt. Dies geschieht, indem man ein Stück Folie über das Bild legt, alle schwarzen Linien nachfährt und das Bild unter der Folie wegnimmt. Die Kinder sehen nun nur die schwarzen Linien des Bildes. In einem Gespräch werden folgende Punkte angesprochen:

- Klee spielt gerne mit Linien und gestaltet so ganze Bilder.
- Der Hintergrund des Bildes ist mehr oder weniger einfarbig in blassem Farbton.
- Wie können Linien verlaufen? Linien können nebeneinander herlaufen, sich überkreuzen, gerade verlaufen, schwingen, im Zackzack laufen usw.

Anschließend wird das Vorhaben erläutert: Die Kinder sollen paarweise ein Bild im Stil Klees gestalten.

Dazu werden Stifte und Papier ausgeteilt. Die Schülerpaare einigen sich auf ein gemeinsames Bildthema, dann darf nicht mehr miteinander gesprochen werden. Noch spannender wird es, wenn sich der eine Partner die Augen zuhält, während der andere zeichnet, um dann spontan das Bild fortzuführen.

Anschließend folgt ein kurzes Gespräch, in dem nicht die fertigen Schülerarbeiten, sondern der Schaffensprozess reflektiert wird:

- *Ist das Bild so geworden, wie du es dir vorgestellt hast?*
- *Woran liegt es, dass das Bild nicht genau so ist, wie du es dir gedacht hast?*
- *Wie habt ihr es geschafft, euch trotz Redeverbot etwas mitzuteilen?*
- *War es schwierig, die Ideen des Partners aufzunehmen und weiterzuführen?*
- *Was hast du getan, als du eine Idee angefangen hast, dein Partner aber ganz anders weitergezeichnet hat?*
- *Was hat Spaß gemacht?*

Das Gedicht „Der Faden" von Josef Guggenmos kann den Abschluss bilden. *Was hat dieses Gedicht mit den Bildern gemeinsam?*

Der Faden
von Josef Guggenmos

Es war einmal ein Faden,
der lag da wie ein Strich.

Der lag da und langweilte sich.
„Was tu ich? Ich ringle mich!"

Er ringelte sich zur Spirale.
Und dann mit einem Male

machte er aus sich draus
eine Schnecke mit ihrem Haus.

Gleich wurde etwas Neues gemacht:
Heidwitzka, eine 8!

Bald darauf eine Dickedull,
eine kugelrunde Null.

Dann noch mit viel Geschick,
ein Fisch, ein Meisterstück!

„Was kann ich jetzt noch sein?",
dachte der Fisch. Da fiel ihm was ein.

„Ich schlängle mich als Schlange –
wenn wer kommt, dann wird ihm bange!"

Dass wer kommt –
drauf wartet er schon lange.

aus: J. Guggenmos: Was denkt die Maus am Donnerstag?
1998 Beltz & Gelberg in der Verlagsgruppe Beltz, Weinheim & Basel

Hinweis

Für ältere Kinder kann der Arbeitsauftrag variiert werden: Die Kinder sollen das Bild abwechselnd in einer ununterbrochenen Linie gestalten. Jeder darf 3 Striche ziehen, ohne den Stift abzusetzen. Der Partner übernimmt den Stift und zeichnet nun seinerseits 3 Striche ohne abzusetzen. Dabei beginnt er seine Linie dort, wo der Vorgänger geendet hat. Auf diese Weise entsteht ein Bild aus einer ununterbrochenen Linie. Die strikte Vorgabe verlangt von den Kindern Disziplin und „Köpfchen". Sie sorgt aber auch für ein besonderes Gestaltungserlebnis.

3. Literatur

BOMMER, K. und A. HOFMOCKEL: Die bunte Kunstkartei. Horneburg 2002

DÜCHTING, H.: Wassily Kandinsky. 1866–1944. Revolution der Malerei. Köln 1990

FERRIER, J.-L.: Paul Klee. Frechen o.J.

FINKENZELLER, M.: Ein Tiger sucht seinen Maler. München 1996

FRIEDEL, H. und A. HOBERG: Der Blaue Reiter im Lenbachhaus München. München, New York 2000

GUGGENMOS, J.: Was denkt die Maus am Donnerstag? Weinheim, Basel 1998

HOBERG, A.: Wassily Kandinsky und Gabriele Münter in Murnau und Kochel 1902–1914. München, New York 2000

HOBERG, A. und H. FRIEDEL: Gabriele Münter. München, New York 2003

KLEINE, G.: Gabriele Münter und Wassily Kandinsky. Biographie eines Paares. Frankfurt a. M. 2004[2]

JÜNGLING, K. und B. ROSSBECK: Franz und Maria Marc. Düsseldorf, Zürich 2000

KANDINSKY, W. und F. MARC (Hg.): Der Blaue Reiter. 8. überarbeitete Auflage. München 2000

KUTSCHBACH, D.: Der Blaue Reiter im Lenbachhaus München. München, New York 1996

MESEURE, A.: August Macke. 1887–1914. Köln 1990

NIEMEYER-WASSERER, N. und S. LUCAS: Ein Haus für Ella und Was. München o. J.

PARTSCH, S.: Franz Marc. 1880–1916. Köln 1990

PARTSCH, S.: Paul Klee. 1879–1940. Köln 1990

PERTLER, C. M.: Kinder erleben große Maler. München 1992

PFLEGER S.: Kandinsky und Gabriele Münter. Als der Gegenstand aus dem Bild verschwand, München, New York 2001

PRÖSCHEL, S.: Picasso & Co. Band 1. Donauwörth 2000

PAUL KLEE: Bilder träumen [anlässlich der Ausstellung „Paul Klee – Die Zeit der Reife" vom 23. März bis 16. Juni 1996 in der Kunsthalle Mannheim]. München, New York 1996

SCHLOSSMUSEUM DES MARKTES MURNAU (Hg.), B. SALMEN (Autorin): Gabriele Münter malt Murnau. [Ausstellungskatalog anlässlich der Ausstellung „Gabriele Münter malt Murnau"]

WENZEL, A.: Franz Marc – Tiere unterm Regenbogen. München, New York 1997

WIERZ, J.: Große Kunst in Kinderhand. Münster 2000